资源型地区
转型发展案例

Case Study of
Transformation Development
in the Resources-based Areas

山西财经大学资源型经济转型协同创新中心　编著

社会科学文献出版社
SOCIAL SCIENCES ACADEMIC PRESS (CHINA)

序　言

在我国广袤的大地上，分布着众多资源型地区。与非资源型地区相比，这类地区多数发展落后、经济增长波动大、发展质量不高，必须通过转型实现新发展。党的十九大报告也明确提出要支持资源型地区经济转型发展。资源型地区转型最早源于英、法、德等发达国家，中国的东北、山西也出现了不少转型较为成功的城市，研究提炼它们的转型经验具有重要意义。

山西财经大学资源型经济转型协同创新中心立足山西，面向全球，选择典型资源型地区（或曾经的典型资源型地区）进行案例研究，通过提炼其转型经验或教训，以期为山西省以及我国其他资源型地区的经济转型发展提供借鉴。这样的初衷值得赞赏。

从书稿来看，本书呈现如下几个特点。一是考虑了历史与现实的结合。扩大案例对象，不仅考察当前的资源型地区如贵州省、山西孝义，还从历史资料中提取英国典型煤城纽卡斯尔这座久远的资源型城市进行转型经验研究，丰富与补充了国内关注的转型成功地区。二是对转型案例从多个角度进行考察。如对德国鲁尔区转型经验的考察，不仅仅关注产业转型模式，还从决策模式优化方面进行了全新挖掘。三是同时关注经验与教训。选择研究案例时，考虑到提炼转型失败区域教训也具有警示价值，本成果选取云南东川进行考察，关注转型失败地区的教训，案例丰富，拓宽了研究视域。四是引入新方法进行案例剖析。如运用内容分析法从政策内容、政策主体和政策工具的三维互动视角，深入研究了美国匹兹堡资源型城市的经济转型政策及其组合效应，拓展了关于资源型地区转型的政策研究。

这些研究使关于资源型地区的案例研究更加系统化，丰富与补充了资源型地区的转型经验研究。

我真诚地期待该书的出版能够为广大资源型地区的转型实践提供借鉴。

山西财经大学资源型经济转型协同创新中心主任

山西财经大学党委副书记、校长

刘维奇

CONTENTS

导　言

郭淑芬[*]

　　资源型地区是以资源开发与相关产业为主导产业的一类地区。在我国，有多个层次的资源型地区存在，如资源型城镇、资源型县域、资源型城市、资源型省份等。2013年国务院颁布的《全国资源型城市可持续发展规划（2013—2020年）》中，确定了262个资源型城市。长期以来，这类地区作为一国的基础能源和重要原材料的供应地，不仅促进了当地经济的繁荣发展，也极大地满足了全国经济发展对能源、原材料的巨大需求，保障了国家的快速工业化与城镇化。

　　然而，多数资源型地区在发展中出现了产业结构单一、经济效益低下、环境质量下降、资源枯竭等问题，造成区域经济自我发展能力严重不足。矿产资源型地区是其中的典型，众多地区面临来自内部和外部的挑战。从资源型产业发展的内部环境来看，矿产资源具有不可再生性，随着开采的推进会逐渐枯竭，本身不具有可持续发展性；同时，在制度和技术条件的局限下，资源型产业可能会表现出明显的负外部效应。比如，在采掘、加工、运输等环节有可能造成环境污染和环境破坏。在政府规制缺位的情况下，资源开发企业可能会忽视或者

* 郭淑芬，山西财经大学资源型经济转型发展研究院，院长、教授、博士生导师。

逃避环境保护的责任，导致严重的环境污染和环境破坏；资源型企业选择的技术路径不科学，也会直接导致环境污染和环境破坏。就区域经济发展角度来说，单靠廉价的天然生产要素难以获得持久的竞争优势，以资源产业为基础的比较优势非常脆弱，难以持续发展，需要通过转型形成区域经济发展的新机制并驱动实现新发展。

资源型地区经济转型是一个世界性难题。一些发达国家已经做了有益探索，比如德国鲁尔区、法国洛林区等，且基本完成了经济转型，积累了可以借鉴的宝贵经验。在中国，也产生了辽宁阜新、河南焦作等成功案例。实践证明，资源型地区能够而且必须通过经济转型实现可持续发展。

山西省作为典型资源型省份，长期高强度资源开发所导致的资源型经济发展深层次矛盾较为突出。而且，近年来正在发生的世界能源格局的若干重大转变与清洁能源转型的持续发展，必将对中国煤炭资源型城市的发展带来深刻冲击。能源需求迈向新阶段，致使煤炭减量化成必然趋势。这就势必要求山西经济加快转型发展。

多年来，山西省高度重视并积极探索转型路径。2010 年 12 月，经国务院同意，国家发改委印发《国家发展改革委关于设立山西省国家资源型经济转型综合配套改革试验区的通知》（发改经体〔2010〕2836 号），正式批复设立"山西省国家资源型经济转型综合配套改革试验区"，这也是目前中国唯一一个以"资源型经济转型"为主题的、全省域的国家级综合配套改革试验区。试验区建立以来，全省上下不断探索资源型地区转型路径，涌现出孝义市、大同市等取得较突出转型成效的地区。

本成果面向全球，选择典型资源型地区（或曾经的典型资源型地区）如英国"海煤之城"纽卡斯尔、德国"能源之都"鲁尔区、美国传统能源城市匹兹堡、中国第一个资源枯竭型煤城阜新以及典型因资源而衰竭的云南东川等进行案例研究，旨在深入剖析这些地区转型的历程，提炼其转型经验或教训，为山西省深入推进资源型经济转型，以及我国其他资源型地区的转型发展提供借鉴。同时，基于经济主体资源型企业转型的重要性，选择海亮集团进行了案例研究。

通过众多案例研究发现，资源型地区的转型是一个长期的过程，会经历多个阶段、多次转折。政策导引、体制机制创新、建立"自下而上"的分散决策模式能够提高转型效率，每一次技术革命都是资源型地区经济转型的机遇。要实现资源型城市功能的完善与发展，邻近城市间的联动、产业重组具有重要性，资源型企业着力培育动力能力是其实现转型发展的关键。

本成果共计十一章。第一章到第五章主要是对国际上一些典型资源型地区的转型历程、做法与经验，运用规范分析法、内容分析法等，从历史视角、政策视角、体制机制视角等进行多角度分析；第六章到第十章主要是对国内的一些资源型城市和地区的成功转型经验或失败教训进行深入研究，进而提炼梳理出对我国其他资源型地区转型的启示；第十一章对基于企业层面的转型进行研究，案例企业选择了海亮集团，运用纵向案例分析法对该企业的转型做法进行了深入挖掘，可为我国类似资源型企业深化转型提供借鉴。

第一章
历史视角下英国"海煤之城"纽卡斯尔的
转型做法研究

郭淑芬* 温璐迪** 牛 娜*** 徐佳君****

　　"海煤之城"纽卡斯尔曾经是英国重要的煤炭工业城市与最大的煤炭港口,经历了以煤炭产业为主阶段的繁荣、衰落与以创意产业为中心后的崛起历程。其主要做法有:整合区域空间,建设大都市区,发展煤炭贸易相关产业;培育具有创新精神的中小企业与新兴行业,促进经济多元化与复杂化;繁荣都市文化,充实人力资本,创建文化机构与学术团体;政府扶植,科技、创意与教育并驱。这对我国资源型地区推进转型具有重要启示与借鉴意义。特别是对处于煤炭开发初期的矿区而言,优化区域空间关系,建立"矿城分离"格局更有利于持续发展。

　　纽卡斯尔市是英国著名的"海煤之城",曾经是英国重要的煤炭

---

* 郭淑芬,山西财经大学资源型经济转型发展研究院,院长、教授、博士生导师。
** 温璐迪,山西财经大学资源型经济转型发展研究院,硕士研究生。
*** 牛娜,山西财经大学资源型经济转型发展研究院,硕士研究生。
**** 徐佳君,山西财经大学资源型经济转型发展研究院,硕士研究生。

工业城市和最大的煤炭港口,在经历了以煤炭产业为主阶段的繁荣、衰落后,转型成为以创意产业为中心的知识型地区。因此,其转型发展的经验值得我国煤炭资源型城市关注与借鉴。

一 纽卡斯尔发展与转型简史

纽卡斯尔位于英格兰的东北部,属于诺森伯兰郡。其东临北海,北连苏格兰,西邻英格兰的坎布里亚郡,南接达勒姆地区。泰恩河穿城而过。泰恩河流域拥有丰裕的煤炭资源,煤田分布集中,主要遍布在下游地区,而且这一地区多浅层煤矿。[1]纽卡斯尔正处于泰恩河的北岸、奥斯伯河的东边,属于下泰恩河产煤地区。其自然资源赋存特点使得该地区的煤炭资源在早期采煤技术并不发达的时候就很容易被开采。纽卡斯尔地区大部分煤田的年产量都在 40000 查尔特隆(chaldron)左右。整个泰恩河流域年产量大于 20000 查尔特隆的煤田也大部分集中在纽卡斯尔这一地区。[2]

建城之初,纽卡斯尔市只是一个以军事防御为主的城堡,是防御苏格兰人的一条重要战线。在 14 世纪,纽卡斯尔曾经三次成功抵御苏格兰人的入侵。有关纽卡斯尔采煤的最早记录在罗马人时期,"在纽卡斯尔附近的一个小村庄里,罗马人已经掌握了很好的用煤技术,并在该地区开采煤矿"[2]。目前所知的有关其煤炭情况更为详细的记录在 1239 年,这年的 11 月 1 日,亨利三世颁给纽卡斯尔市民一份特许状,允许他们在纽卡斯尔周围地区开采煤矿。这份特许状也就成了至今最早的有关煤炭的许可状。[2]但是在当时的历史背景下,纽卡斯尔的煤矿都是由修道院创办的,教会控制着纽卡斯尔周围的大部分煤层。由于需求量的制约、产量的限制和采煤技术的落后等,在整个修道院控制的中世纪时期,采煤业的发展相当缓慢。[2]

可以说，在 16 世纪初之前纽卡斯尔的采煤业规模很小，也没有形成真正的煤炭贸易。之后，因矿业权回归市民、煤矿开采技术和运输方式的巨大变化，尤其是工业革命的发生刺激了对煤炭的大量需求，煤炭产量飞速上升。[3]在修道院控制时期纽卡斯尔的煤炭年产量大约仅为 15000 吨，到 1563 年产量上升到 30000 吨，在这之后产量不断增加，到 1658 年年产量上升到 50 万吨。在仅仅一百年的时间里，其产量上升了近 20 倍。[2]纽卡斯尔凭借丰富的煤炭资源和临河的地理优势，迅速成为英国当时最重要的"海煤之城"。在 17 世纪末，伦敦贸易总量的约 40% 来自纽卡斯尔的煤炭。[4]正是与伦敦的煤炭贸易促进了这座城市的初期工业化[5]，但过度依赖原材料出口导致城市的经济失去了自主性，发展受到限制。19 世纪，纽卡斯尔就开始了工业城市转型，造船业、制盐业、玻璃制造业、机器制造业等逐渐建立起来。[6]但伴随煤炭和造船业等的相继衰落，纽卡斯尔也一度陷入衰退。直到 20 世纪 80 年代以来，在英国政府的大力扶持下，纽卡斯尔积极着力发展科技创新、文化创意和教育产业，通过产业转型，重新成为英国以创意产业为中心的重要城市。

二　不同历史时期纽卡斯尔的主要转型做法与经验

（一）19 世纪初：整合区域空间，建设大都市区，发展煤炭贸易相关产业

19 世纪初，纽卡斯尔提出"大都市区"概念，开始将纽卡斯尔建成一个卫星城环绕的城市，并与泰恩河周边城镇形成区域多节点整合，从而带动整个区域的协调发展。为了促进区域空间整合，纽卡斯尔做出了许多努力，如疏浚河道、修建船坞等，其附近如桑德兰等城

镇也进行了港口的修缮等工作。[7]伴随周边城镇基础设施的逐步完善，纽卡斯尔和附近城镇之间便利的联系通道得以形成[8]，促进了城市间的人口流动、区域的商贸往来和整个区域经济的空间联系。工人也从城市中心地区逐渐分散到附近的城镇，由此促进了城乡一体化的形成。而且这种区域多节点大整合使各城镇地区可以依靠各自的优势特色发展互补经济。从 1851 年到 1911 年，泰恩河沿岸各城市发展迅速，除了采煤业，各城镇还形成了服务煤炭贸易的具有自身特色的行业，如盖茨黑德发展了铁路服务业，桑德兰培育了造船业等。从整体来看，形成了以纽卡斯尔为中心的大都市区，城市功能增强，工业和商业等行业成长迅速并逐渐成为区域经济发展的主要产业。

（二）19 世纪下半叶：培育具有创新精神的中小企业与新兴行业，促进经济多元化与复杂化

在 19 世纪以后的半个多世纪里，借力"区域空间整合"确实带动了整个泰恩河沿岸地区的经济发展。但是，纽卡斯尔的经济发展依然存在问题：一是高度依赖煤炭及其出口贸易；二是在煤炭及贸易业领域成长起来的传统大型企业缺乏创新和技术进步的动力与条件，伴随经济发展与社会进步，越来越成为区域继续发展的阻力。纽卡斯尔当局认识到，如果这些大型企业一直主导纽卡斯尔的经济发展，那么纽卡斯尔只会迎来经济的停滞甚至退步。因此，纽卡斯尔政府开始积极推进城市创新，培育更加具有创新精神的中小型企业。资料显示，从 1801 年到 1883 年，纽卡斯尔的企业数量从 1526 家增加到 9210 家，企业数量增长至原来的 6 倍；企业类型总数则增长至原来的 3 倍，出现了新型制造业。而且，服务性行业也发展迅猛，代理机构和旅行业所占的比例大大增加，经销商和零售商的类型迅速增多。特别是新兴生产性服务类职业大量出现，如 1801 年工程师细化为咨询类、机械类、海事类工程师等，经纪人则演进为船舶与保险类、股票与风险类经纪人等。大量中小型企业孕育了众多新兴行业，这些新兴行业的兴起极大地促进了纽卡斯尔的创新活动，从而推进了区域经济的多元化和复杂化。

（三）19 世纪末期以来：繁荣都市文化，充实人力资本，创建文化机构与学术团体

作为早期英国的重工业基地，纽卡斯尔也曾经是低技能工人的集聚地。[9]但从 19 世纪末期始，纽卡斯尔特别注重丰富城市文化，如 1880 年在 New Bridge Street 开放了新的公共图书馆，1878 年创建艺术协会举办了一系列年度艺术展览，1884 年建成了汉考克博物馆，等等。这些载体创造了大量让公众接触文化的机会。受其影响，各种各样的研究学会、文化机构开始建立。纽卡斯尔当地的制造业从业者充分意识到专业研究对化工生产的重要性，为培养专业化学家和技师，1868 年文哲会和碱业工厂主共同创建纽卡斯尔化学协会，社团起初有成员 40 多人，几个月内人数翻了一番，频繁举办各种学术活动，就当地勒布朗苏打生产线相关问题进行研究，推动了英国化工业的兴盛。[10]

同时，纽卡斯尔地区还涌现出一大批学者。学者们向当地民众传播新思想，分析商业经济、区域内外关系等，在很大程度上激发了纽卡斯尔经济发展新思想的应用与新知识的扩散。有研究发现，纽卡斯尔居民对能够帮助其生产生活的学术知识的需求一直持续增长，通过学习具体知识掌握关于机器的原理，从而为事业的成功提供全新的动力，这种观念的普遍流行使得矿井老板构成了这些讲座主要的听众群体。[11]

成熟的都市文化氛围吸引了大量受到过高等教育的人才会聚于纽

卡斯尔，快速增加并升级了当地的人力资本，使得整个城市充满了生机。成熟的都市文化、优秀的专家学者、盛行的学术团体等为纽卡斯尔的爆发式经济增长做出了巨大贡献。

（四）20 世纪下半叶以来：政府扶植，科技、创意与教育并驱

Stuart Dawley 博士认为，产业发展有路径依赖，传统工业城市转型过程中很难吸引创新型产业过来，而过去以第三产业为主的城市更容易吸引新型产业；英国东北部地区，过去是以煤炭、造船、钢铁著称的工业基地，原有的科技能力对新型产业吸引力不强；转型地区采用新政策吸引新产业入驻，政策作用显著。[12]

过去的纽卡斯尔是能源重工业基地，是低技能工人集中地。从 20 世纪 80 年代开始，纽卡斯尔在创建纽卡斯尔大学、诺桑比亚大学等的基础上，开始大力重塑高科技的区域形象，先后建成著名的千禧桥、现代音乐厅等，积极发展科技创新、文化创意和教育产业。

有关资料显示，英国东北部地区对新能源比较重视，很早就开始在海上试验风力发电。英国政府规划到 2020 年全国能源消耗的 15%由可再生能源提供。纽卡斯尔 1979 年就开始进行风电研究，项目得到 UNDP（联合国开发计划署）的支持，1992 年有不少公司对其进行投资；1994—2004 年得到政府批准，可以在海上建设风电设施；2000 年，政府开始加大政策支持力度。从研发风力发电到形成风电发展优势，纽卡斯尔吸引了西门子、三菱集团等跨国公司在此投资风电或风电装备。培育研发能力，形成专业优势，可以吸引新型产业投资和发展。目前，政府正努力把纽卡斯尔打造成世界风力发电研究中心。[13]此外，英国政府早在 2004 年时就把纽卡斯尔城市列入英国"科学城"建设计划，支持其发展能源和医药等方面的科技活动。

同时，英国政府还投资了 2.5 亿英镑扶持纽卡斯尔打造世界级的

创意园区，泰恩河畔的一个面粉厂被改造成波罗的海当代艺术中心。

纽卡斯尔教育产业也风生水起。诺桑比亚大学杰出的教学质量享誉英国，吸引来自全球的学子前往求学。创建于1834年的纽卡斯尔大学是英国最为古老的百年大学之一，科研实力强大，设置的各类文化创意专业深受各国学子追捧。被尊为"波普艺术之父"的理查德·汉密尔顿，曾在纽卡斯尔艺术学院（纽卡斯尔大学前身）执教13年，对英国当代艺术教育的传播居功至伟。[14]这些大学作为城市新思想新知识产生与传播的核心，起到了引领地方发展的作用。

纽卡斯尔正逆袭为一座"宜居城市"。英国《卫报》2007年曾刊登题为《纽卡斯尔高居英国绿色城市榜榜首》的报道，指出曾经烟雾笼罩、暗无天日的纽卡斯尔，如今正在摆脱以往的城市形象，工业革命时代产生的"动力房"也渐渐摆脱以往脏乱的形象，恢复绿色与可持续化。[14]2009年和2010年，纽卡斯尔获得了英国"最绿城市"的称号，超越了之前获得此称号的城市布里斯托尔、布莱顿－霍夫。[15]盖茨黑德通过千禧桥与纽卡斯尔联结成"纽盖双城"，纽盖双城有多种风格的建筑，代表了从码头区渗透来的多层历史积淀。[16]

纽卡斯尔政府重视制定转型新政策、培育新能力，在科技、教育等驱动下，该市创意文化产业中心、知识型地区的地位得以确立，城市重新走向繁荣。

三 对我国资源型城市转型发展的主要启示

从纽卡斯尔的转型发展历程看，资源型地区的产业转型是一个漫长、动态的过程，需要多方力量协同持续推进。纽卡斯尔市从英国一个最典型的煤炭城市转型为以煤炭工业为基础、多种工业部门并举的综合性工业城市，再发展成为世界知名的文化创意园地和旅游胜地，经过了几次产业转型。这对我国资源型城市的经济转型具有重要启示。

（一）鼓励多侧发展新产业，以政策重构形成新产业能力

产业转型是资源型地区经济转型的核心与根本。延长产业链是其中的一条路径，除此之外，培育形成新产业也很重要。推进新产业形成、成长与发展的核心路径：一是可以引导发展一些协同型、竞争性旁侧关联产业，把产业做宽；二是培育形成新产业研发能力，为承接或发展新产业奠定能力基础。

从纽卡斯尔政府扶植发展风电产业的经验来看，政府发现新产业往往较晚[13]，因此，政府颁发转型新产业新政策之前应对当地萌芽的新产业进行细致考察与分析，以选择出台相应的新产业新政策。

（二）尚处于煤炭开发初期的矿区应"矿城分离"，优化区域空间关系

矿区都具有资源指向性，多依矿而建。在煤炭资源分布偏远的山区建矿，应加强对工矿区建设模式的科学论证，改变现有的相对独立的工矿区建设模式。矿区可以仅具备生产功能，将生产区依资源而建，研发区、管理区、生活区则配置在周边城市，通过加强与周边城市之间交通基础设施建设，解决矿区职工的生活需要、社会化需要，实现矿城协作发展。这种通过周边城市对矿区实现区域整合的发展模式，可以避免"矿竭城衰"问题，也可以减少因在矿区配建生活、办公设施所导致的沉淀成本。同时，还可以加强城市与城镇的集聚能力，提升城市功能。

此外，各资源型城市应注重拓展与周边城镇、城市的联系与合作，积极发展对外合作，融入更大区域甚至全球产业链，在深化区域

合作中不断推进产业升级与产业结构高级化。

（三）"变废为宝"，利用工业遗址打造区域特色

煤炭产业的电厂、船坞、铁路和装卸设备等工业遗址是城市重要的文化资产。英国的纽卡斯尔码头区功能转变与区域改造使其成为英国最伟大的城市滨河地带之一。纽卡斯尔码头区充分利用了旧码头遗址，打造了波罗的海当代艺术中心等文化活动中心，使码头区渗透来的多层历史积淀融入当代城市空间。[17]

山西省等内陆资源型省份可以借鉴纽卡斯尔的经验，将矿区的工业生产设施向生活休闲空间转变，在改善矿区生态环境的同时，保存部分具有历史特色的工业设备和工厂，因地制宜地发展工业旅游业，为游客提供可以体验和感受的煤炭产业项目，激活煤炭工业的遗产，塑造区域的独特文化遗产。

（四）引育结合，以人力资本结构多样化推进产业多元化、经济复杂化

构建多元化产业体系是资源型城市转型的核心问题，也是一个难题。我国长期以来依靠资源型产业发展，导致非资源型产业发展环境较差，而寻找替代产业又是资源型地区摆脱资源陷阱，实现产业转型的必由之路。[18]人力资本的经济增长效应受产业结构的影响[19]，人力资本结构和产业结构的协调发展可以优化人力资本的配置，提高人力资本的产出效率，有助于经济持续、快速增长，因此提升人力资本水平对发展现代工业、现代服务业以及促进资源型城市转型具有重要推动作用。山西提出构建多元化中高端现代产业体系的"六大工程"，大力发展能源产业、战略性新兴产业、现代服务业等，是推进产业多元化的重要举措。结合纽卡斯尔的转型经验，前期可以考虑优化人力

资本结构,释放结构效应。一是加大教育与培训投入力度,延伸原来优势产业的人才就业方向,使职业更加细分;二是引进大量现代生产性服务人才、行业领军人才,以人才结构的优化孕育新行业,促进经济多元化发展。

(五) 重视对中小企业的培育,营造创新氛围

一般来说,资源型城市多以国有或集体资源型企业为主导力量,中小民营企业发育不健全。以山西这一典型资源型省份为例,2016 年山西省国有及国有控股企业增加值占工业增加值的比重仍高达70.9%,远高于全国不到 20% 的平均水平。不仅如此,留存的国有企业多属于资源型行业。可见大中型国有企业支撑了山西的经济发展,但因其创新惰性问题也可能成为未来发展的障碍因素。因此,必须重视通过深化改革、制度开放等激活民营经济活力,加快发展中小企业,以加速生产性服务业、社会机构、新兴行业等的成长,推动山西从严重资源依赖走向依赖创新驱动的发展道路。

(六) 将政策诉求融入国家发展框架

当前我国正在推进"一带一路"倡议、京津冀协同发展、长江经济带战略以及雄安新区和粤港澳大湾区建设等,这是国家未来一段时间的区域发展重大空间布局。众多分布在中西部的资源型城市应积极融入全国发展框架,增强开放意识,加大融入力度,提高开放水平,把握国家发展的重大机遇,为转型升级开拓更为宽广的空间。纽卡斯尔是被英国政府纳入国家"科学城"建设计划的首批建设城市,并获得国家大量资金支持,这也是其转型为创意教育中心的关键缘由之一。

参考文献

[1]〔法〕费尔南·布罗代尔:《15 至 18 世纪的物质文明、经济和资本主义》(第一卷),施康强、顾良译,生活·读书·新知三联书店,1993。

[2] 马涛:《16 世纪英国煤矿产权变化及其对煤炭工业发展的影响——以纽卡斯尔煤矿产权变化为例》,《安庆师范大学学报》(社会科学版)2017 年第 1 期。

[3] J. U. Nef, "The Rise of the British Coal Industry," *The Economic History Review* 1933, 4 (2): 237 – 240.

[4] J. Ellis, "The 'Black Indies': the Economic Development of Newcastle," *Newcastle upon Tyne: A Modern History*, R. Colls and W. Lancaster (eds.) (Chichester: The History Press Ltd., 2001), p. 15.

[5] M. Barke, Taylor, P. J., "Newcastle's Long Nineteenth Century: A World-historical Interpretation of Making a Multi-nodal City Region," *Urban History* 2015, 42 (1): 43 – 69.

[6] G. H. J. Daysh, "A Distressed Industrial Region—Tyneside," *Economic Geography* 1935, 11 (2): 159 – 166.

[7] R. W. Rennison, "The Improvement of the River Tyne, 1815 – 1914," *Transactions of the Newcomen Society* 2014, 62 (1): 113 – 142.

[8] M. Barke, "The Middle-class Journey to Work in Newcastle upon Tyne, 1850 – 1913," *Journal of Transport History* 1991, 12 (2): 107 – 134.

[9] H. Jones, Zener, C., *The History and Description of Fossil Fuel, the Collieries, and Coal Trade of Great Britain* (Whitefish, Montana, USA: Kessinger Publishing, 2010).

[10] 赵文媛:《科技社团与 19 世纪中后期英国工业与社会发展》,《科学管理研究》2018 年第 3 期。

[11] 征咪:《18 世纪英国地方科学讲座的市场化及其影响》,《学海》2018 年第 1 期。

[12] S. Dawley, "Fluctuating Rounds of Inward Investment in Peripheral Regions: Semiconductors in the North East of England," *Economic Geography* 2007, 83 (1): 51 – 73.

［13］张占仓、董桂萍、余学军、赵献增、段爱萍：《德国英国可再生资源开发利用和区域发展研究》，《河南科学》2012 年第 3 期。

［14］赵渌汀：《向纽卡斯尔学习：草根之城如何逆袭为宜居城市?》，《新周刊》百家号，https：//baijiahao.baidu.com/s? id = 1590897857061391753，最后访问日期：2019 年 5 月 8 日。

［15］陆伟芳：《新世纪东西方城市更新的案例比较研究——以上海民生码头和纽卡斯尔码头区为例》，《社会科学》2018 年第 8 期。

［16］P. Hetherington, *Newcastle Gateshead*：*Shaping the City* （London, UK：RIBA Publishing, 2010），p. 60.

［17］吴佳璋、张静、赵楠：《煤炭码头如何应对新挑战?》，《中国水运报》2019 年 4 月 10 日，第 5 版。

［18］刘现伟：《政府干预、机制重构与资源型城市困境摆脱》，《改革》2011 年第 3 期。

［19］周少甫、王伟、董登新：《人力资本与产业结构转化对经济增长的效应分析——来自中国省级面板数据的经验证据》，《数量经济技术经济研究》2013 年第 8 期。

第二章

德国鲁尔区转型的规划决策模式创新及其启示

李玲娥[*]　石　磊[**]

德国鲁尔区在转型过程中，采用了"自上而下"和"自下而上"两种不同的规划决策模式。自 1966 年开始，鲁尔区实行一种政府集权的、全面的规划决策模式（自上而下模式），1985 年至今则转变为分散管理的规划决策模式（自下而上模式）。转型规划决策模式的转变使除政府以外的社会各界都参与到鲁尔区转型规划决策的制定过程中，在鲁尔区的产业结构优化、生态修复、城市景观建设等方面取得了很好的效果。这个转变过程表明，在资源型地区转型中，政府决策的作用不是无所不能，而是有限的，必须同时注重市场机制作用的发挥，充分调动和发挥各类市场主体、社会民间组织及各界代表人士参与转型决策的主动性和积极性，构建决策主体多元化、政府调控与市场调节并重的转型规划决策新模式，使转型规划能够真正反映市场的需求，从而提高转型的效率。

---

　*　李玲娥，山西财经大学经济学院，教授、博士生导师；山西财经大学中国特色社会主义政治经济学研究中心，主任。

　**　石磊，Swansea University（斯旺西大学）理学硕士。

一　资源型地区转型的规划决策模式研究评述

长期以来，我国在资源型地区转型中一直实行政府主导、强制推行的决策模式，在转型政策及实施方案的制定和贯彻过程中，很少听取和采纳其他市场主体如企业、居民以及民间组织等社会各方面的意见。这种决策模式有其优点，如集中决策可保证时效性等。但是，其弊端也比较明显，如认识上的局限性、片面性，与市场要求以及社会各方面诉求相背离等。从长远发展来看，这种决策模式与发展社会主义市场经济的要求将会发生矛盾和冲突。

从国外资源型地区转型的经验看，德国鲁尔区在转型决策模式方面有许多做法值得学习和借鉴。从 20 世纪 60 年代开始，鲁尔区就着手转型，至今已取得了重大进展，但鲁尔区的转型目前还在继续，并没有结束。鲁尔区在转型过程中，采用了"自上而下"和"自下而上"两种不同的规划决策模式：自 1966 年开始，鲁尔区实行一种政府集权的、全面的规划决策模式（自上而下模式），1985 年至今则转变为分散管理的规划决策模式（自下而上模式）。转型规划决策模式的转变使除政府以外的社会各界都参与到鲁尔区转型规划的决策制定和实施过程中，在鲁尔区的产业结构优化、生态修复、城市景观建设等方面取得了很好的效果。[1]

关于资源型地区转型规划的决策模式，国外的学者们注意到在德国鲁尔区转型过程中，政府的决策起到了相当大的引导作用。Carsten Herrmann-Pillath 研究了鲁尔区经济结构转型的阶段性，并分析了各阶段相应的区域政策。[2] D. Mager 认为，德国成功整治生态环境的原因之一是政府从 1991 年起颁布和实施了一系列关于环境整治活动的相关监管法律，并启动了世界上最大的环境净化项目之一——WISMUT。[3]

国外有些学者注意到了政策作用的正反两面性，探讨了政府职能的负面作用。德国学者 Gernot Grabher 论述了鲁尔工业区作为典型资源型地区转型的艰难，并提出了"政治锁定"的概念，阐述了政府作用的负面影响。[4] 政治锁定主要指鲁尔区内的煤钢联合体在国家经济中处于重要地位，各级政府、行业组织、产业部门都强有力地支持鲁尔区，政府财政每年给亏损严重的国内煤炭产业巨额资金补贴，支持煤钢联合体进行技术改进，却抑制了新兴产业在鲁尔区的发展。

此外，国外有些学者论述了资源型地区转型规划决策模式的转变。德国学者研究表明，鲁尔区转型规划的方法经历了四个发展阶段，即一体化结构性政策阶段、集中化结构性政策阶段、结构政策的区域化阶段和区域的自我管理阶段，从自上而下的规划模式转变为自下而上的规划模式。[1]

可见，国外学者不仅分析了资源型地区转型中政府决策的正反两方面作用，而且也开始呼吁其他经济主体和规划方法在转型中发挥其作用。

我国学者也对德国鲁尔区转型中政府的重要作用进行了研究。武健鹏分析了德国鲁尔区政府推动转型过程的政策体系，将鲁尔区的成功经验归纳为八个方面，其中两个方面分别为：政府主导、经济主体自行调整；始终以总体规划为导向。[5] 陈桂生指出，在德国鲁尔区区域整治发展过程中，各级政府起到了至关重要的作用，形成了联邦、州和鲁尔区政府治理鲁尔的特有模式和路径。[6]

国内学者长期以来都肯定和强调在我国资源型地区转型发展中政府决策的重要性和积极作用。王玉珍认为，在资源型经济演进过程中，政府干预扮演着不可替代的重要角色，政府直接干预和政府政策干预，可以在一定程度上实现对资源型经济演进方向和进程的控制，从而最终实现经济的可持续发展。[7] 赵奋梅肯定了政府在转型中的主导作用，认为作为经济政策的制定者，政府要加强经济发展的绿色规制，促进产业绿色集约发展；作为产业发展的引导者，政府要引导培育多元化的现代产业体系；作为公共服务的提供者，政府要完善社会公共服务体系，弥补社会民生历史欠账；作为发展环境的创优者，政府要优化生态环境和营商环境，实现经济发展与环境保护的协调推进，增强区域竞争能力。[8]

国内有些学者认为政府在我国资源型地区转型发展中某些情况下起反面作用。伍新木、杨莹指出，宏观经济政策对资源型城市兴衰具有重要影响，新中国成立初期，"均衡布局"政策和"重工业优先"战略促使资源型城市迅速发展；经济转轨时期，资源型城市的市场补偿机制和财政转移支付同时缺位，导致这些区域陷入严重衰退。[9]孙淼、张树勇、丁四保认为，资源型城市衰退的根本原因不是资源枯竭，而是体制方面遭遇不公平待遇，因此，改变资源型城市衰退局面，需要从体制改革的角度入手。[10]

国内学者对我国资源型地区转型过程中模式创新进行了研究。李劲民提出，在资源型地区转型过程中，顶层设计和基层首创必须紧密结合，应最大限度地争取国家政策支持，争取相关法律内容的支撑。[11]王云珠、李秀萍在供给侧结构性改革和山西省转型综合改革的双重背景下，提出山西省转型先行先试的新路径应是重塑改革机制，处理好顶层设计与基层探索的关系。[12]

总之，我国学术界主要分析了各级政府的政策在资源型地区转型过程中的作用，而且主要从正面论述了政策的重要性和积极作用，而关于政策的负面影响，以及政策以外的其他规划决策方法，则关注度不高，研究不够深入、系统。

资源型经济转型是一个世界性的话题和难题，德国鲁尔区在这方面起步较早，探索和积累了许多值得我国借鉴的成功经验和做法，而其转型规划决策模式的转变则是还未引起大家普遍关注的例证之一。德国鲁尔区自20世纪60年代开始的转型，从其转型规划决策看，大体经历了四个阶段。这里我们主要讨论分析德国鲁尔区转型规划决策模式的转变过程，从中归纳鲁尔区转型规划模式创新所积累的成功经验，以期为我国资源型地区转型规划决策模式创新提供启示，充实和完善我国资源型地区转型的理论研究，为我国资源型地区转型的实践提供理论和决策参考。

二　德国鲁尔区从政府主导到市场主导：转型规划决策模式创新

从煤钢危机开始，德国鲁尔区启用了众多规划决策方法，不断完成开创性的任务，成为一个资源型经济转型的实验场。自20世纪60年代以来，鲁尔区大体经历了四个阶段，从一种政府集权的、全面的规划决策模式转变为自我管理的规划决策模式。前两个阶段——一体化结构性政策阶段（1966—1974）和集中化结构性政策阶段（1975—1985）是"自上而下"规划决策模式的体现；后两个阶段——结构政策的区域化阶段（1985—1999）和区域的自我管理阶段（2000年至今）则体现了"自下而上"分散管理的规划决策模式。[1]

（一）第一阶段（1966—1974）：一体化结构性政策阶段

这个阶段是德国鲁尔区资源型经济转型的起步和初期阶段，德国联邦政府和北威州政府为转型及时制定了必要的宏观规划，指导鲁尔区经济转型，并提供必要的财政补贴和资金支持。总体来看，这个阶段鲁尔区的转型取得了明显的成效，特别是在基础设施、教育等方面成效显著。

早在 1920 年德国政府就颁布法律成立了鲁尔煤管区开发协会（The Siedlung severband Ruhr kohienbenzirk，SVR），这是鲁尔区的最高规划机构。后来随着鲁尔区的发展，这一规划机构的职能和权限一再扩大，成为区域规划的联合机构（KVR），为北威州的权力部门。从 20 世纪 60 年代起，协会逐渐担负起对工业区的全面规划工作，取得了很大的成效，在德国 KVR 组织被普遍认为是一个成功的典范。

1. 更新和完善区域内和区域间交通运输设施，成为转型和区域增长的引擎

鲁尔区原有的交通运输系统就很发达，但是，由于新建企业以及城市住宅区向远郊发展，出现了区内交通负荷不断增大，边缘地区和核心地区交通相脱节的局面。因此，德国联邦政府和北威州政府在 1966 年制订的"鲁尔发展规划"中，把完善交通运输网络和设备现代化作为经济结构转型的首要任务，并提出有计划地对鲁尔区现有的交通线路进行技术改造，发展区内快车线。1969 年，鲁尔区架起了高架铁道，解决了铁路、公路交叉引起的矛盾，发挥了很高的效能。1975年，波恩—科隆—杜塞尔多夫—多特蒙德、科隆—乌帕塔尔—多特蒙德两条高速公路竣工。这些措施的实施极大地改善了鲁尔区的交通运输条件，方便了其与全国以及周边各国的经济联系，为鲁尔老工业区改造和经济结构转型创造了有利条件。

2. 开发智力资源，创办大学，发展教育

鲁尔区创办了许多大学，为转型提供了智力支持。20 世纪 60 年代鲁尔区创办了波鸿鲁尔大学、多特蒙德大学等高校。鲁尔区拥有密集的教育机构、研究所和大学，2012 年共有综合性大学、应用型大学和高中 21 所。[1] 目前鲁尔区支柱产业大部分靠知识、科技来驱动，是以知识为基础的产业。因此，公共资源投资于教育、大学是转型过程

的主要推动因素。同时将经济中心和研究中心联系起来，加速了科研成果的应用和转化。

3. 再工业化和吸引外部企业进入

推行再工业化和吸引外部现代化的、有潜力的工业企业和服务业进入鲁尔区发展是第一阶段一体化结构性政策的目的。但是，其并不鼓励分公司进入鲁尔区发展，造成许多分公司被排斥在外（德国欧宝公司即 OPEL 除外）。实际上这个阶段的一体化结构性政策仅仅取得了有限的成效，企业不确信能够成功，落户在鲁尔的倾向递减，最终北威州收回了规划权。

（二）第二阶段（1975—1984）：集中化结构性政策阶段

这个阶段鲁尔区为了发挥内生潜力，发展了现存的主要分公司，主要涉及煤、钢和能源工业。70 年代，北威州政府的一些项目直接用于支持煤、铁、钢的混合体，形成了工业与政治管理体制之间的高度合作关系，这种共生关系阻碍了鲁尔区对自己的再认识和产业结构转型，使政治创新陷入瘫痪状态。

由于 70 年代石油价格提升，煤炭开采出人意料地恢复了盈利能力，相反，钢工业由于持续过度生产而导致价格降低。有关数据显示，1966—1976 年，德国政府拨款 150 亿马克资助煤矿集中改造，并制定相应的扶植政策保护煤炭工业。[13] 钢铁工业也在同期进行了设备更新和技术创新，关闭和合并老厂、扩建新厂，加强企业内部和企业之间的分工与协作，同时对钢铁工业的布局也做了合理调整。然而，由于 70 年代晚期严重的钢危机引起前所未有的挑战，德国想使北威州成为本国能源中心的目标仅完成了一部分，这是仅凭集中化结构性政策所难以解决的。

（三）第三阶段（1985—1999）：结构政策的区域化阶段

这个阶段有两个新的变化：一是经济的多样化，主要通过发展创新型的中小企业来完成；二是地区导向的结构政策，特别是以新技术、竞争力、环境和社会取向为导向的结构政策。

结构政策的区域化使鲁尔区转型规划的决策模式发生了根本性转变，具体表现在：规划决策主体从单一政府变为政府、企业、社会民间组织、个人等多方参与和博弈，各方之间是平等的横向关系；规划形式从统一、整体的全面规划变为众多相互关联的小型项目；新的规划决策模式合并各种基金并以观点竞争的形式使外部参与，以此取代正式的官方意见和质量控制；灵活性及社会和生态的可持续性是新的规划决策模式的基础，这是价值观的一般变化。

1. 技术和经济的多样化

鲁尔区在转型过程中，建立了许多技术中心和启动中心。20世纪80年代，建立了多特蒙德科技园和波鸿科技园，发展电子、生物医药等以科研为导向的服务业、媒体、信息和通信技术等新领域。多特蒙德科技园是第一个技术中心，成立于1985年，包括300家公司，在整个区域甚至区域外被推广。[1]技术中心和启动中心的成功与否被当作衡量创新网络发展程度的标志。

鲁尔区在转型过程中，激励创业，推行积极政策支持新企业发展，创办了许多新公司。新公司大多是中小企业，中小企业的优势是灵活性强，它们采用新技术、新形式，成为转型的推动力。

2. 结构政策的区域化

新的区域结构政策优先考虑的不是经济结构，而是城市结构、工业遗产、环境方面和社会福利。政策焦点是住房和休闲质量，目的是提升城市形象。

IBA（International Building Exhibition Emscher Park，国际建筑展埃姆舍公园，1989—1999）是结构政策区域化的典型代表。鲁尔区有120个项目分布在埃姆舍区，分为五个主题：一是"埃姆舍景观公园"——发展穿越鲁尔区北部的从西向东的绿色轴；二是"埃姆舍系统的生态转换"——重建生态河流系统；三是"工作在公园"——工业棕地被回收并转变为工业服务业和科技园；四是"新的住房和住宅区"——花园城市的理念；五是"工业保护和工业文化"——保护、保留和再利用工业历史的遗产建筑。

（四）第四阶段（2000年至今）：区域的自我管理阶段

2004年，鲁尔区域协会（RVR）成立。2009年，RVR制定区域总体规划，对区域经济发展提出总体战略设想。与KVR相比，RVR更强调区域合作和区域的一致性，这集中体现在三个新的概念："大都会鲁尔"、"有权限的范围经济"和"欧洲文化之都——2010鲁尔"。鲁尔区在基础设施、教育、科技、生态环境、城市等各方面越来越融为一体。鲁尔区由于在转型中的突出成就，2010年被授予"欧洲文化之都"的称号。鲁尔区并没有因此停下脚步，而是在资源型经济转型和可持续发展的道路上不断前进。

三　鲁尔区转型规划决策模式创新的经验与借鉴

德国鲁尔区20世纪50年代即面临资源逐渐枯竭的问题，故从60年代起开始转型，在其转型过程中，探索和采用了众多规划决策方法，并逐步转变其转型规划决策模式，从一种政府集权的、全面的规划决策模式（自上而下模式），发展为20世纪80年代的结构政策区域化方法，进而转变为21世纪初至今的区域自我管理模式（自下而上模式)。从鲁尔区所经历的转型规划决策模式创新的实际效果看，正向效应明显，不仅改善了产业结构，改造和振兴传统产业与发展新兴产业并举，而且美化了生态环境，发展了信息、金融等第三产业，成为"欧洲文化之都"。这些转型的成就，与鲁尔区所采用的转型规划决策模式有密不可分的联系。在资源型经济转型的初期，鲁尔区实行的是单一的政府主导、"自上而下"的决策模式，在政府规划决策的推动和政府补贴等援助政策支持下，转型取得了不错的进展，在基础设施、教育等方面成效突出，但随着转型的不断推进，"自上而下"的决策模式经历过挫折，政府在推动再工业化、扶持传统产业的振兴过程中走过弯路，陷入传统产业发展无力、新兴接替产业发展缓慢的困局。在此情况下，鲁尔区审时度势，及时转变规划决策模式，强化市场机制的作用，准确掌握市场的需求走向，特别是广泛地收集和采纳企业、社会组织、社会精英和公众代表关于转型的建议，并形成了稳定、独特的转型规划决策模式，即"自下而上"的决策模式。在这种决策模式的作用下，转变政府职能和工作重点，激发了从社会广大民众到社会各个部门和领域对转型的信心和动力，释放出了区域经济发展的活力，增强了市场机制的作用，使得转型不仅得以顺利进行，而且取得很大的成功。鲁尔区已成为资源型地区转型规划决策模式转变的一个成功案例。

(一) 政府作用应当适度

在德国鲁尔区转型中，政府发挥了非常重要的促进作用，如推动交通等基础设施的建设，创办大学教育，对煤、钢等传统的资源型产业给予补贴等。但是，政府决策也有其反作用，突出表现为政治锁定的形成。政治锁定指地区制度对鲁尔区资源型经济发展的政治支持，主要与基础设施及传统行业有关。如前文提到的，20 世纪 70 年代，北威州政府的一些项目直接用于支持煤、铁、钢的混合体，形成了工业与政治管理体制之间的高度合作关系，阻碍了鲁尔区的产业结构转型，使政治创新陷入瘫痪状态。

地区制度的政治支持及紧密的企业间联系，本来是鲁尔工业区发展的原动力，后来却成为创新的障碍。严格和密切的企业间联系的生产模式嵌入了强烈的个人关系，并受到紧密编织的政治管理体制的支持，它反映了鲁尔区对这一特殊经济环境的完美适应，但是这也决定了其对外界的适应性较弱。要打破政治锁定，必须放松工业与政治管理体制之间的紧密联系，抵制政治管理体制的经济诱惑，提高对特殊经济环境的适应能力。由此可见，政府作用的范围及程度应适当，否则将事与愿违。

我国资源型地区一般实行的是高度集中的转型规划决策模式，虽然其优势明显，如在转型初期可保证转型战略的快速推进，节省人力、物力资源等，但是当转型进一步向纵深推进时，如果不能及时利用和增强市场机制的动能，适当地使企业等市场主体以及社会组织、社会公众都参与转型规划的决策制定和实施过程，仅凭政府的一方之力难免有所缺漏，存在信息失真、认知能力有限、政策执行中的机会主义等潜在可能，使转型规划的决策实施速度和效果达不到预期的理想状态，从而延长转型的进程。

（二）市场机制的作用应当强化

德国鲁尔区转型过程中，虽然政府发挥了重要的指导和推动作用，但是转型的动力是市场竞争和供求关系的变化使然，而非政府强制推行的结果。鲁尔区转型规划的决策制定及其实施过程，也从以政府为主导转变为以市场机制为主导，自下而上的信息传导机制取代了自上而下的行政命令式的传导机制。

我国当前发展社会主义市场经济，必须使市场机制在资源配置中起决定性作用，我国资源型地区转型的原动力也应来自市场的要求，而非政府的指令。应健全市场体系，充分发挥价格等市场信号对资源型地区转型的引导和调节作用。目前，市场机制的作用空间还很大，要充分探索其作用的领域和具体途径。

（三）规划决策主体多元化、规划决策方法多样化是发展趋势

德国鲁尔区转型规划的决策模式经历了从政府集权到决策主体多元化、规划方法多样化的转变，正面效应显著。规划决策模式多元化是发展市场经济的必然选择，是遵循市场经济规律的必然结果。

借鉴德国鲁尔区转型规划的决策模式创新的成功经验，针对我国目前的情况，在资源型地区转型中，转型规划决策主体除了政府，还应积极动员企业、机构、民间团体、专家及公众等多方参与，应充分发挥这些市场主体及利益集团的主动性和能动性，鼓励他们积极参与转型规划决策过程，使转型真正符合社会主义市场经济发展的要求，提高转型效率。同时，规划决策方法也应当是政府的集中统一的宏观决策与分散的市场经济主体的微观决策，以及社会民间参与讨论的多种规划方法的集合，由此形成一种强大的合力与一个紧密的转型规划系统。

四　鲁尔区转型规划决策模式创新的启示与展望

德国鲁尔区和中国许多矿业型资源型地区在自然资源禀赋、产业结构等经济发展的诸多方面存在许多相同或相似之处。作为资源型地区，它们都面临资源枯竭、环境污染等困境，因此，都选择了转型。但是，在转型规划的决策模式方面，德国鲁尔区和中国的资源型地区所选择的模式却存在较大的差异。

与鲁尔区相比，我国资源型地区于20世纪80年代开始面临资源逐渐枯竭的问题，从那时起才考虑转型。从转型的历程看，大体经历了经济结构调整和国家资源型经济转型综合配套改革试验区建设两个阶段。但是，就转型规划的决策模式来看，没有太大和实质性的变化，始终实行一种以政府集中决策为主导的"自上而下"的决策模式。尽管在转型过程中，逐渐考虑和加强了市场机制的作用，企业、社会中介组织等也对转型的进展发挥了一定的作用，但是，市场机制尤其是市场主体、社会组织及社会精英和社会公众代表等在转型中的能动性、主动性和积极性并没有受到足够的重视，他们的作用并没有得到充分的发挥。从我国资源型地区的转型进程来看，不仅缓慢，而且收效也不理想，不得不说与这样的转型规划决策模式有一定程度的关联。因此，对照德国鲁尔区的转型来看，要加快我国资源型地区的转型进程，提高转型的质量和效率，转变规划的决策模式已迫在眉睫。在我国资源型经济转型的起步时期，政府作为转型规划决策的制定者和规划实施的推动者，对转型起到了重要和积极的作用，使转型初显成效。然而，目前我国资源型经济的转型已经进入攻坚克难的阶段，经济发展进入新常态，资源型经济固有的顽疾与国际国内的经济发展趋势不相适应的矛盾越来越凸显，同时市场体系不够完善，市场机制作用的发挥受到制约，市场经济发展的突出矛盾越来越显现出来，资源型经济转型向纵深推进举步维艰。因此，我国资源型经济转型规划的决策模式也应当在这时及时转变，改变政府主导的决策模式，构建一种政府与市场机制作用并重的规划决策新模式。

五 主要结论

前面对于德国鲁尔区资源型经济转型规划决策模式创新的分析表

明，在资源型经济的转型中，政府决策很有必要，也十分重要，但其不是无所不包、无所不能的，而是作用有限的，我们必须同时注重市场机制作用的发挥，吸纳市场经济主体和社会各阶层代表人士参与转型的规划决策过程。资源型经济转型过程中，应当随着转型阶段的转换，及时创新转型规划决策模式。在资源型转型初期，采用政府集权的"自上而下"的规划决策模式可发挥政府对转型的积极作用，而当转型进入纵深阶段，则应当及时转变转型规划的决策模式，注重发挥市场机制的重要作用。目前我国资源型经济转型应当充分调动和发挥除政府外的各类市场主体和社会民间组织以及社会精英和社会公众参与转型决策的积极性和主动性，构建规划决策主体多元化、政府调控与市场调节并重的转型规划决策新模式，使转型能够真正反映市场需求，提高转型效率。

参考文献

［1］RVR："Structural policy for the Ruhr"，鲁尔区域协会（RVR）网站，https://www. rvr. ruhr/.

［2］C. Herrmann-Pillath，"New Economy and New Projects in Old Industrial Areas—Do They Slow down the Trend of Decline? The Case of the Ruhr Area and the City of Dortmund," *Urban Planning Overseas* 2001，(6)：21 - 23.

［3］D. Mager，"Fiver Years of Uranium Mine and Mill Decommissioning in Germany：Progress of the Wismut Environmental Remediation Project," *International Conference on Nuclear and Hazardous Waste Management in Seattle* 1996，12 (2)：875.

［4］G. Grabher，"The Weakness of Strong Ties—The Lock-in of Regional Development in the Ruhr Area," in Gernot Grabher（ed.），*The Embedded Firm：on the Socioeconomics of Industrial Networks*（London and New York，Vnited States：American Nuclear Society，Inc.，1993）.

［5］武健鹏：《资源型地区产业转型路径创新研究：基于政府作用的视角》，博士学位论文，山西财经大学，2012。

［6］陈桂生：《资源型区域经济发展中的政府治理：德国鲁尔区的经验及启示》，《理论导刊》2014年第1期。

［7］王玉珍：《政府干预与资源型经济演进分析——基于山西省的实证研究》，《当代经济研究》2013年第4期。

［8］赵奋梅：《资源型经济转型与政府职能转变研究》，硕士学位论文，山西大学，2011。

［9］伍新木、杨莹：《政府对资源型城市发展的影响和作用》，《经济评论》2004年第3期。

［10］孙淼、张树勇、丁四保：《资源型城市衰退的体制原因分析》，《煤炭经济研究》2004年第8期。

［11］李劲民：《顶层设计 基层创新 争取支持》，《中国经济时报》2013年5月29日，第11版。

［12］王云珠、李秀萍：《深化"供改"与"综改"走出山西创新驱动转型升级新路》，《前进》2017年第6期。

［13］王青云：《德国鲁尔区是怎样推进经济转型的》，《中国城市经济》2007年第6期。

第三章
德国鲁尔区的产业转型经验研究

陈 可* 郭泽光** 郭淑芬***

德国鲁尔区较早遭遇煤炭和钢铁危机。20 世纪 60 年代开始推进产业转型，成效显著，由最初单一的煤钢主导的经济结构转化为以新兴产业为支柱、多种产业协同发展的综合性工业区。从产业转型来看，主要的做法有改造升级传统产业，培育发展新兴产业，打造多元化的产业结构，培育发展中小企业，改善生态环境等方式，同时注重发挥政府在产业转型过程中的主导作用。鲁尔区的成功转型对于资源型地区的产业转型具有十分重要的借鉴意义。

产业转型是资源型地区经济转型的首要任务，意在通过产业结构调整，使资源型地区主导产业从单一的资源型开采和初加工转换为多元的非资源型主导产业体系，从而摆脱对不可再生能源的依赖，实现经济的可持续发展。在实践上，这是一个庞大的、系统的、复杂的工程，包括改造传统产业、加速发展高新技术产业、培育壮大新兴产业

---

* 陈可，山西财经大学资源型经济转型发展研究院，硕士研究生。
** 郭泽光，山西财经大学，教授、博士生导师；山西省政协人口资源与环境委员会，副主任。
*** 郭淑芬，山西财经大学资源型经济转型发展研究院，院长、教授、博士生导师。

等，推进过程中也必然蕴含科技创新、制度创新、生态环境保护和修复、劳动者素质技能提高等。[1]德国鲁尔区曾是典型的煤炭资源型地区，从20世纪60年代开始不断进行产业转型方式的探索与实践，改变了传统的依赖煤钢产业的经济发展模式，成功转型为多种产业协同发展的综合性工业区。梳理鲁尔区产业转型过程中的做法和经验，对于资源型地区促进产业转型具有重要的借鉴意义。

一　鲁尔区基本情况

鲁尔区位于德国西部、莱茵河下游支流鲁尔河与利珀河之间的地区，属于北莱茵威斯特法伦州（以下简称"北威州"）。该地区面积约4434平方公里，由十一个直辖市和四个县级市组成，区内人口和城市十分密集，其中人口达540万人，区内5万人以上人口的城市有24个，其中埃森、多特蒙德和杜伊斯堡的人口均超过50万人。鲁尔区是欧洲人口密度排第三位的都市区，仅次于巴黎、伦敦。[2]18世纪初，随着煤炭资源的开采以及钢铁业的发展，沿鲁尔峡谷逐步形成了典型的传统工业地域，在19世纪中叶开始迅速发展，特点是以采煤业、钢铁业为主导产业，逐渐开始发展化学、机械制造、电力等重工业，形成了部门结构复杂、内部联系密切、高度集中的地区工业综合体。[3]作为德国重要的能源基地、钢铁基地和重型机械制造基地，鲁尔区曾被称为"德国工业的心脏"，工业产值一度占据全国总产值的40%，为二战后德国经济的复苏和起飞发挥了重要的作用，为德国经济的发展提供了重要的物质基础。

煤炭工业由于受到来自石油和天然气的竞争压力，加上煤炭资源的逐渐枯竭，于1958年前后，产生了"煤炭危机"，鲁尔区的煤炭销量开始大幅度下滑，整个工业体系出现了衰退的状况。[4]鲁尔区的采煤矿井在 1950 年达到 160 余个，到 1969 年只剩 60 个，同期内煤炭工业就业人数从 120 万人减少到 50 万人。此后，钢铁行业也逐渐呈现供求不匹配的现象，即产量不断增加而市场需求量却不断减少，在 1974 年德国又陷入"钢铁危机"[5]，严重影响了鲁尔区的工业发展，使得鲁尔区的工业进一步走向衰退。持久的煤炭危机和钢铁危机导致鲁尔区内原有的许多煤矿和钢铁厂关闭，产生了大量的失业人员。同时，矿区内生产集中于采煤、钢铁、煤化工、重型机械四大工业部门，区内重型生产结构过于单一，一旦某一部门衰落则将会引起鲁尔区整体生产的衰落，因此造成了鲁尔区经济衰退、就业人口减少、失业率居高、区内多部门企业被迫关闭以及环境质量不断恶化等诸多问题。

为了走出经济增长的困境，从 20 世纪 60 年代初开始，德国政府采取一系列措施对鲁尔区内的产业进行重新规划和整治，鲁尔区开始进行长达数十年的经济结构调整，取得了显著的成效。鲁尔区由传统的煤钢生产基地，转型为以高新技术产业为引领、多种产业协同发展的综合工业区。

二　鲁尔区产业转型历程

在经历了煤炭和钢铁危机之后，为转变过度依赖资源的经济增长方式，走出经济发展的低谷，鲁尔区从 20 世纪 60 年代开始制定了多项产业转型措施，进行了数十年的产业调整与改造工作。

（一）对传统产业进行改造阶段

20 世纪 60 年代，面对日益严重的经济和社会问题，鲁尔区首先选择对传统的以煤炭、钢铁为主导的产业进行大规模的改造，并在 1969 年制订《鲁尔区域整治规划》，提出"以煤钢为基础，发展新兴产业，改善经济结构"的总体目标。对于污染严重、能源消耗量大的煤钢产业，鲁尔区采取改建、合并、转让的方式进行整治；对于区内规模较小、技术水平较低的小型煤钢产业，鲁尔区采取停业、关闭的方式进行治理；对于区内由于传统煤钢产业发展所造成的环境污染和破坏，鲁尔区在制定相关法规的基础上，建立专门的环保机构进行改造。

（二）发展新兴产业阶段

从20世纪70年代开始，鲁尔区在改造传统工业的基础上逐步发展石油化工、电子信息、生物、医疗技术和计算机通信等主要新兴产业。依据《北莱茵—威斯特法伦州发展计划1和2》，鲁尔区在1970年提出通过提供经济和技术方面的资助，发展新兴产业，实现经济结构调整。例如，在石油化工行业，鹿特丹及威廉港通往鲁尔区的输油管的建成，使石油提炼和石油化工产业得以快速发展。第二次世界大战以前，鲁尔区以煤化学工业为主，只有两个规模不大的炼油厂，截至2003年已拥有10多个炼油厂，炼油能力达到30000kt／a。[6]在生物、医疗技术和计算机通信等高新技术领域，鲁尔区通过积极引入资金、技术和人才来培育和发展。

（三）产业结构多样化阶段

20世纪80年代以后，鲁尔区注重发挥不同地区的区域优势，政府制定的产业政策主要围绕产业结构多样化展开，如多特蒙德依托众多的高校和科研机构，大力发展软件业；杜伊斯堡发挥其港口优势，成为贸易中心，建立了"内陆船运博物馆"；埃森市则凭借其广阔的森林和湖泊，成为当地的休闲和服务中心。[3]鲁尔区产业结构多样化还体现在大型企业层面，例如鲁尔煤炭公司，其核心产业是煤炭，在多元化时期还积极发展发电、化学、塑料以及土地复垦、环保、矿山技术等相关产业，促使企业朝多样化方向发展。

三　鲁尔区产业转型的主要经验

（一）传统产业改造与新兴产业培育并重

1. 推动传统产业改造升级

为了转变经济增长对煤炭、钢铁这两大传统产业的过度依赖，鲁尔区在经济结构调整中优先对传统产业进行改造。从 1966 年到 1976 年，德国政府共拨款 150 亿马克用于支持煤矿的清理整顿，首先将不盈利或者利润低微以及技术水平落后的规模较小的煤矿关闭，然后对能源消耗量大、环境污染严重的煤化工厂和炼钢厂进行兼并重组，将采煤业集中到盈利多和机械化水平较高的大矿井和大型煤炭或钢铁公司，如克虏伯、曼内斯曼、鲁尔煤炭等鲁尔区内排名前几位的大公司，从而实现资源配置效率的最优化和经济效益的最大化。钢铁工业也在市场发生逆转之后开始进行布局和结构的调整，主要进行设备改造和技术升级。1968 年，北威州政府出台《鲁尔发展纲要》，提出对矿区进行清理整顿，对炼钢厂进行改建、合并、转让等。在此纲要指导下，区内的一些大型钢铁企业积极进行合并重组，例如，于 1999 年正式合并的蒂森和克虏伯两大企业通过优势互补、发展具有潜力和高附加值的产品，扩大了经营规模、降低了生产成本、提高了企业竞争力，目前已进入世界 500 强。经过漫长的传统产业改造和整顿，鲁尔区于 2018 年 12 月 21 日关停了最后一座黑煤煤矿。

2. 培育发展新兴产业

在改造升级传统的煤钢产业的基础上，鲁尔区还高度重视区内新兴产业的引入和培育。鲁尔区培育发展新兴产业的主要做法是优化投资环境，积极引入新企业。为鼓励新兴产业在区内落户，北威州政府规定凡是信息技术等新兴产业的企业在当地落户，将给予大型企业投资者28%、小型企业投资者18%的经济补贴；1972年至1980年，鲁尔区协会为3.5万个新投资项目提供了890亿马克的经济补贴。[7]此外，政府还为区内新入驻的新兴企业提供优惠的商业用地。在鲁尔区内繁华地段，土地售价约为每平方米100马克，一般地段售价为每平方米57马克，仅是慕尼黑土地价格的1/10。利用优惠的鼓励政策和良好的基础设施，鲁尔区吸引了大量的新兴企业入驻区内，1958—1973年，鲁尔区内新建和迁入的企业约450家；1985—1988年，鲁尔区内新建企业数量比1980—1985年增加41%，大大超过同期全国的平均水平（28%）。目前这些新兴企业已遍及全区，主要集中在化工、电子、汽车、服装等非资源型产业领域。1989年，联邦德国慕尼黑经济发展研究所对欧洲11000家企业和区域研究的结果表明，鲁尔区是欧洲产业区位条件最好的地区之一。

通过发展新兴产业，鲁尔区的经济结构不断完善，煤、钢产业的比重逐步下降，煤、钢两大传统生产部门的职工人数也随之从20世纪50年代初占工业部门总数的60%降至90年代初的33%，而同期非煤、钢工业的就业人数已从32%上升到54%。如从1985年起开始建设并持续投资达1.3亿马克的鲁尔技术园，目前已有212家企业，创造了3650个工作岗位。通过采取以上措施，鲁尔区内以煤炭、钢铁为主的大型重工业结构不断朝着均衡、合理的方向发展，增强了经济增长的活力，同时，为鲁尔区提供了大量的就业机会，开辟了多种新兴职业和岗位，有利于缓解该地区失业人口过多的压力。

（二）打造多元化的产业结构

产业结构多元化是经济转型发展的一条必经之路，鲁尔区在因地制宜的基础上，充分利用区内工业遗迹多而密的优势，将培育发展文化创意产业和工业旅游产业作为产业结构多元化的一项重要举措。

1989年，鲁尔区开始实施国际建筑展览10年行动计划，充分利用老工业区的废弃建筑物，将传统的废弃工业区转换成科学园、商务区、旅游园区等，并规划一条集旅游、娱乐、工业遗迹为一体的"工业遗产之路"。在鲁尔区众多的工业遗迹中，以1854年已经关闭的"亨利钢铁厂"和"关税同盟"煤炭—焦化厂为代表，其如今已改造成为工业博物馆，由原工厂的职工担任馆内导游，增强了工业遗迹的真实感和历史感，吸引了大批游客，为鲁尔区创造了很大的经济价值。同时，鲁尔区努力培育发展文化产业，区内拥有200多座博物馆、100多座文化中心、100多座音乐厅、250个节庆与庆典活动、3500余个工业保护遗址。[8]2001年鲁尔区被列入联合国教科文组织的世界文化遗产名录，被称为"世界上最美的煤矿工业区"；2006年，鲁尔区当选为"欧洲文化之都"。工业旅游产业与文化创意产业的培育和发展，完善了鲁尔区的经济结构和产业功能，促进了鲁尔区的转型。

大力发展以贸易为核心的第三产业是鲁尔区产业结构多元化的另一项重要举措。20世纪80年代以后，鲁尔区就业人员的重点逐渐由生产领域向第三产业（包括商业、交通业和服务业）转移，其中贸易起到了决定性的推动作用，尤其是批发业的大量兴办使区内第三产业的就业人数超过了传统生产性产业的就业人数。如在多特蒙德市区、哈姆市及乌纳市内聚集了近1700家公司，批发业市场已经扩展到北威州及联邦德国的边境，吸纳了大量的非生产性就业人员；乌纳市已成为德国全自动高价仓库的贸易中心。从就业比重来看，鲁尔区第三产业的就业比重从1980年的41.20%上升到2008年的77.1%，第三产业已成为鲁尔区就业的主力军。通过大力发展文化创意产业、工业旅游产业，以及批发业等对外贸易产业，鲁尔区的产业结构不断向多元化方向发展，在降低传统的煤钢产业比例的同时，逐步改变了单一的依靠煤钢发展的产业结构，现已成为工业结构合理、科技进步、经济繁荣、环境优良的综合工业区。

（三）发挥政府对产业转型的主导作用

1. 政府率先制定全面转型规划，实现综合治理

在经历了经济发展的低谷后，鲁尔区从 20 世纪 60 年代开始实施综合整治的总体规划。由专门负责制定整治、发展规划的鲁尔煤管区开发协会制定"总体开发规划"，规划中指出鲁尔区今后的整治工作主要围绕以下八项任务展开：营造与保护森林绿地，处理垃圾，改善环境质量，建设职工业余所需各项文化、娱乐设施，研究全区各市、县发展规划，接受各市、县委托咨询，进行规划示范，开展全区测绘工作。在"总体开发规划"的指导下，鲁尔区开始逐步进行产业的转型升级与改造工作，成效日益显现。

2. 政府为产业转型提供法律和政策支持

首先，对于传统的煤炭、钢铁产业，政府在其转型过程中制定一系列相关的法律法规以及建立相关机构对传统产业转型进行监管，从法律上确保传统产业的顺利转型。从 20 世纪 60 年代开始，政府先后制定了《煤矿改造法》《投资补贴法》等法律法规，对传统产业改造进行指导规划。其次，政府主要通过制定优惠的产业政策来支持传统产业的改造和升级，以提高其市场竞争力。例如，在煤炭行业，政府的价格补贴是核心内容。德国联邦政府为鲁尔集团每吨煤炭提供近200 马克的价格补贴，用以支持煤炭企业的发展。[9] 最后，政府还为煤钢企业提供税收和贷款的优惠政策。例如，为鲁尔煤炭公司每年减免税款 2 亿马克；从 1972 年开始的五年间，政府共给予煤钢企业优惠贷款达 23 亿马克。[10]

3. 政府多渠道筹集产业转型资金

德国联邦政府主要通过政府直接投资、向用户征收煤炭附加费和煤炭补贴税、欧盟资助、金融组织贷款或资助、发行土地发展基金债券等方式，为鲁尔区的产业转型筹措资金。如在政府投资方面，主要是通过给予减产关矿一定的补贴和善后处理费、失业保障全拨款等方式为产业转型吸纳资金。此外，政府还设立专项资金，对鲁尔区资源型产业转型给予财政补贴、企业销售补贴，并为企业改造提供所需资金，偿还旧企业所欠的债务，为鲁尔区产业的转型提供了资金保障和物质支撑。

4. 政府充分集聚与利用智力资源，加强研究与开发

在对传统产业进行改造的同时，政府注重对教育和科研的投入，充分集聚与利用区内的智力资源，促进鲁尔区的研究和开发。在教育方面，继1962年战后建立的第一所大学——波鸿鲁尔大学后，鲁尔区又逐渐建立起14所大专院校，包括6所综合性大学和8所专科院校，如埃森大学、杜伊斯堡内河航运学院、多特蒙德大学等，现已成为欧洲高校密度最大的工业区[11]，为鲁尔区的发展源源不断地提供高素质人才。据统计，1985—1989年，鲁尔区受过较高教育的就业人数已达165万。在科学技术发展方面，1979年，德国联邦政府与各级地方政府等相关部门联合制定了"鲁尔行动计划"，其中一项核心举措是建立多种技术中心，促进新技术产业的发展。如多特蒙德技术中心，既是鲁尔区内有效利用本地智力资源的成功典范，也是开发新产品和新工艺的中心。另外，政府还积极发展高技术新兴产业，如建立创业园区和技术创新基地等，还建立起一条从多特蒙德经过波鸿、埃森、哈根到杜伊斯堡的横贯全区的"技术之路"，使信息技术、计算机通信等新兴产业取得了长足发展。

（四）促使企业向小型化发展，为经济增长注入新活力

中小型企业具有经营灵活、技术开发积极性高、风险小、对多品种小批量的现代市场要求适应性较强等特点，在发展轻工业、服务业中起着重要的作用，也是鲁尔区经济社会发展的主要动力和社会稳定的基石。为鼓励区内企业朝小型化方向发展，政府专门设立了"新企业投资项目"，向中小企业提供优惠贷款和信用担保；设立区内跨行业培训中心，采取脱产、半脱产和业余培训等灵活多样的形式为企业培养各类专门人才；颁布《关于中小企业研究与技术政策总方案》，帮助中小型企业开展技术创新、改造和技术引进，增强产品竞争能力；修订《反对限制竞争法》反对垄断、鼓励竞争。在以上政策的鼓励下，1985—1988 年，鲁尔区内新建了大量的中小型企业，数量比 1980—1985 年增加 41%，超过全国平均水平（28%）。培育和发展中小型企业，不仅缓解了区内严峻的就业压力，还为经济增长注入了新的活力，促进了鲁尔区社会经济的健康稳定发展。

（五）注重生态治理和环境保护，创造产业新价值

在对传统工业进行改造的过程中，政府注重对矿区环境污染的治理。例如，对煤炭开采后产生的大量煤矸石进行处理时，在政府规划选址后再进行造山复土工作，最后进行植树造林绿化美化煤矸石山，扩大了矿区的绿化面积。将昔日的矿山改造为"森林公园"，吸引了大批游客，既改善了老矿区的环境与生态，又为当地创造了大量的收入。另外，为使产业转型有良好的投资环境和生活环境，政府还颁布了一系列环境保护法令，例如《联邦污染防治法》，设定了 SO_2、NO_x、颗粒物等有害物质对人体产生危害的指标，针对大型工业企业

制定了更严格的排放标准。[12]通过相关环境法律法规的制定和监管机构的设立，在经历了数十年的环境治理后，鲁尔区的环境污染状况得到有效改善，鲁尔区成为德国居于领先地位的环境保护技术中心。1990年，美国华盛顿人口危机委员会发表了世界100个特大城市及产业和人口密集区生活质量的评估报道，按生活质量和等级排序，鲁尔区居世界第二位。

四　鲁尔区产业转型经验带来的启示

鲁尔区作为典型的资源型地区，在早期的经济发展中存在经济结构单一、主要依赖传统资源型工业发展的问题，同时产业结构具有资源依赖性、低层次以及低附加值的特点，随着国际市场的变化，这些问题的弊端日益突出，不仅仅是鲁尔区，其他资源型地区同样面临转型的迫切要求。鲁尔区作为典型的资源型地区，在通过产业转型实现经济结构多元化、摆脱由资源开采而造成的路径依赖等方面的做法，对于资源型地区实现经济转型与发展具有重要启示。

（一）坚持以政府政策支持为主导，以长期规划为指导

在资源型地区经济转型的过程中，政府起着十分重要的作用。鲁尔区转型的成功与政府的支持息息相关，在整个转型过程中，德国联邦政府高度重视发挥规划的作用，制定了一系列产业转型政策，颁布了治理区内环境的法律法规，同时为传统产业的改造、新兴产业的培育以及产业多元化的发展提供了大量的资金支持，为转型成功提供了重要的保障。因此，在资源型地区经济转型过程中，政府应该发挥积极作用，从制度、法律、财政等方面对原有的传统工业的改造给予支持，同时又为新兴产业的培育发展提供良好的外部条件和

环境，并制定相关的经济政策调动区内各方面的积极性，从而打破资源型地区经济发展的路径依赖。同时，资源型地区的经济转型是一项长期而艰巨的历史任务，不是一蹴而就的。因此，政府要制定相应的长期发展规划对经济转型给予指导，充分发挥好规划的引导作用，并在实践中分阶段、有计划地逐步完成和不断调整。在资源型地区转型发展过程中，政府要高度重视发展规划的作用，坚持规划先行并严格执行。

（二）注重传统产业提升与新兴产业培育相结合

传统产业是一个地区工业、农业、建筑业和第三产业发展的基础，但其存在资源消耗大、环境污染严重等历史问题和技术进步缓慢、经济效益不佳等新问题。从当前来看，传统资源型产业仍然是资源型地区经济增长的重要支撑和主导产业，因此对传统产业的改造升级是资源型地区产业转型的一项重要内容。政府要主动支持传统产业的改造升级，不应一味关闭、停产，而应有选择性地淘汰落后产能、兼并重组落后企业，并为其提供产业政策支持和财政资金支持，提高传统资源型产业的生产效率和市场竞争力，充分发挥政府对传统产业改造升级的指导作用。另外，政府还应通过资金和技术扶助，帮助园区内企业开发新产品。政府除了对传统产业进行改造升级外，还要积极培育壮大新兴产业。一方面，传统产业为新兴产业的培育和发展提供了能源与原材料，传统产业生产效率的提高、技术水平的进步、产品品质的提升是新兴产业获得清洁能源、优质基础原料的重要保障。另一方面，新兴产业的发展和壮大也会进一步促进传统产业的改造升级，例如，新能源、节能环保产业的发展有助于破解传统产业发展中面临的资源、环境瓶颈，促进传统产业实现循环生产，也在一定程度上促进了经济结构的合理化。

（三）产业转型要走产业多元化道路

资源型地区如果仅仅依赖其优势资源来发展经济，会使资源型产业的生命周期缩短，同时产业结构由于其单一性也无法更好地促进该地区的全面发展，因此，必须积极发展替代产业，培育新的支柱产业，实行多元化的经济增长模式。鲁尔区最值得借鉴的做法是，利用资源型地区的优势发展文化创意产业和工业旅游产业。对资源型地区面临淘汰无法再次使用的基础设施等，不应一味地拆除，而应选择其中具有特色的设施加以保留和利用，进一步开发、改造成工业遗址公园、工业博物馆、创意产业园区等，这样做既创造了一定的商业价值，又保留了资源型地区独特的工业文明印记。因此，资源型地区应该扬长避短，减少对传统资源型工业产业的过度依赖，加强传统产业与现代旅游、文化等服务业的融合发展，同时大力发展以工业遗产为依托的文化旅游产业，整合工业区各类资本、技术、人员、信息、设施等资源，带动其他相关产业综合发展。实施产业多元化战略，不仅可以实现资源型地区就业机会和就业结构多样化，降低失业率，而且可以延伸区域内的产业链条，促进产业结构完善。

（四）注重产业与生态的协同发展

资源型地区是在原有的自然资源禀赋基础上逐渐发展起来的，实现经济增长的同时往往伴随着环境污染、生态破坏等问题。因此，政府应该做好环境治理与生态修复工作，美化环境、提升生活质量，为经济发展创造良好的环境条件，从而使转型发展进入良性循环。在产业转型过程中，鲁尔区政府把生态修复、环境改善和节能减排放在了首要位置。当地政府在鲁尔河上建立污水净化和再生水利用系统，通过多种手段促使企业采用循环经济模式，安装有害气体及灰尘回收装置，减少对环境的污染，加强节能和新型能源技术创新，转变能源消费结构，促进了鲁尔区的绿色发展和低碳发展，极大地改善了当地的环境质量。此外，鲁尔区还成立了专门的整治部门负责处理老工业区遗留下来的土地破坏以及环境污染等问题，通过多年的环境污染治理，居民的社会环保意识逐步提升，鲁尔区由传统的高能耗、高污染型城市转变为空气清新、产业绿色、环境优美的生态型城市。

首先，在资源型地区的产业转型过程中，政府要制定相关法律法规为当地的环境保护提供法律保障，形成较为完善的生态环境保护法律体系，使生态修复和环境保护有法可依。其次，政府在法律法规的指导下，要做到严格执法，对污染环境或破坏生态的行为要加以惩处，将产业与生态的协同发展落到实处。最后，政府还可以建立专门的环境保护机构对资源型地区转型发展过程中的整治与改造进行监管，使资源型地区能够实现产业转型、经济增长与环境保护、生态治理的协调发展。加快发展方式的转变，积极推进生态文明建设，是资源型地区实现经济绿色增长、节能减排、生态与产业协调发展的重要举措。

参考文献

[1] 刘秀丽、郭丕斌、张勃等：《采煤与脆弱生态复合区生态安全评价——以山西为例》，《干旱区研究》2018 年第 3 期。

[2] M. Ruhrgebiet Schrader, In Elmar Kulke (Hrsg): Wirtschaftsgeographie, Klett-Perthos, S, 1998.

[3] 陈涛：《德国鲁尔工业区衰退与转型研究》，博士学位论文，吉林大学，2009。

[4] 马威：《德国鲁尔区煤炭工业重组研究（1958—1975）》，硕士学位论文，陕西师范大学，2012。

［5］曹瑄玮、李瑞丽：《德国钢铁产业发展中的路径依赖与突破：鲁尔区的启示》，《中国科技论坛》2007 年第 10 期。

［6］王青云：《德国鲁尔区是怎样推进经济转型的》，《中国城市经济》2007 年第 6 期。

［7］朱佳佳：《从德国鲁尔区的复苏看我国东北老工业基地的振兴》，《产经评论》2003 年第 11 期。

［8］姜四清、张庆杰、赵文广：《德国鲁尔老工业区转型发展的经验与借鉴》，《中国经贸导刊》2015 年第 10 期。

［9］郭军：《兖矿集团与德国鲁尔集团的比较分析》，《管理世界》2001 年第 6 期。

［10］U. Schreiber, "Ucrman coal policy, 1958－1975," Baltimore, 1980.

［11］任保平：《衰退工业区的产业重建与政策选择：德国鲁尔区的案例》，中国经济出版社，2007。

［12］张玥、乔琦：《德国鲁尔工业区转型发展经验及对我国老工业区借鉴》，载《2016 中国环境科学学会学术年会论文集》（第四卷），2006。

第四章

美国匹兹堡资源型经济转型政策经验研究

任晓松[*]

　　"矿竭城衰"问题是当前全国资源型城市经济发展的主要瓶颈，表现为生态环境恶化、城市经济发展开始停滞、居民生活水平下降、失业人数增多等一系列经济社会问题。然而目前国内资源型城市经济转型的政策设计和实践经验还处于探索阶段。美国匹兹堡作为典型的钢铁资源城市，成功摆脱对钢铁等传统工业和煤炭等资源的依赖，其实现转型和减排的经验为资源型城市经济转型带来了启示。本研究采用内容分析法，以2000—2017年美国匹兹堡资源型城市经济转型政策文本和实践案例为主要研究对象，从政策内容、政策主体和政策工具的三维互动视角分析其经济转型政策，探究其经济转型关键障碍因素、政策演化规律与路径、政策组合效应以及转型策略。得出如下结论：第一，匹兹堡政府制定了以公众参与型政策为主，命令控制型政策、经济刺激型政策为辅，信息型政策适量的相应组合政策，以实现城市转型；第二，从政策主体、政策工具、政策内容三维视角来看，以大量鼓励政策、部分经济刺激政策激励公民在城市整体转型中发挥作用，在能源及

---

　　* 任晓松，博士，山西财经大学管理科学与工程学院，副教授、硕士生导师。

环境改善、公共建设等方面，政府主要通过命令控制政策进行规范。

资源型城市由于对资源的高度依赖而形成的经济社会结构导致资源进入枯竭期，"矿竭城衰"具体表现为生态环境恶化、城市经济发展开始停滞、居民生活水平下降、失业人数增多等，这给资源型城市的社会和谐稳定与可持续发展带来了严重挑战。[1]然而，目前我国对资源型城市经济转型的研究尚处于探索阶段，政策设计和实践经验不足，要想实现资源型城市经济转型，分析和总结国外资源型城市经济转型成功经验显得尤为重要。具有"世界钢都"之称的匹兹堡曾由于地区经济过于依赖钢铁工业，出现环境污染严重、产业集中度高、就业渠道单一等一系列问题。而进入21世纪，匹兹堡已经转型为以生物技术、计算机技术、机器人制造、医疗健康、金融、教育而闻名的繁荣的工商业城市，成为美国城市经济成功转型的典范。本研究通过对当前资源型城市经济转型问题进行界定与剖析，借鉴美国传统资源型城市匹兹堡经济转型经验，借助内容分析法探究其经济转型关键障碍因素[2]、政策演化规律与路径、政策组合效应以及转型重点及策略，试图从经济转型政策文本和实践案例中探寻适合资源型城市经济转型的方案设计，以丰富现有资源型城市经济转型政策体系的研究理论，为我国资源型城市经济转型提供经验。通过借鉴同样作为资源型城市的匹兹堡顺利实现资源型城市经济转型的经验，分析其政策工具，一方面可以发现其转型重点与手段，另一方面也可以为经济转型路径与转型策略提供新的思路和方向，并为加快转型步伐提供政策建议。

一　美国匹兹堡资源型经济转型概况

曾享有"世界钢都"盛誉的匹兹堡是美国宾夕法尼亚州第二大城

市，也是历史上美国最著名的工业城市之一。18世纪中叶，匹兹堡由法国探险者确定为定居地，1758年英国人正式建城。由于匹兹堡附近地区的烟煤、石灰石和铁矿石蕴藏量丰富，水、陆、空交通便利，区位优越，作为美国中西部重要的水陆交通枢纽，匹兹堡具有大规模发展钢铁工业的良好条件。1812年，英美之战爆发，战争进一步推动了美国制造业的发展，钢铁行业迎来春天。早在18世纪20年代，匹兹堡就已经成为生产钢铁、黄铜、锌和玻璃的工业基地，而美国南北战争的爆发又进一步刺激了匹兹堡经济的大发展。19世纪中后期，钢铁大王安德鲁·卡内基创立了卡内基钢铁公司，及至19世纪80年代，该地区钢铁产值已占美国当时钢铁产值的近2/3。20世纪上半叶，两次世界大战促进了钢铁需求量的增长，匹兹堡的钢铁行业继续大规模发展，进入钢铁工业发展的"黄金时代"，也正是当时，炼钢炉的滚滚浓烟为其带来了"烟城"的名号，S. N. Duryea介绍称当时的匹兹堡被世人叫作"人间地狱"。[3]

钢铁为匹兹堡带来财富，也带来了生态危机。20世纪40年代，匹兹堡环境污染问题严重，空气质量较差，人口数量锐减，移居人口增多。1948年10月，位于匹兹堡南部30公里的多诺拉镇出现严重空气污染，导致17人死亡，约6000人因此生病。这是美国历史上最严重的空气污染灾难，并直接导致美国《清洁空气法案》的通过和出台。为此，匹兹堡在二战结束后开始了第一次复兴计划，时任市长的戴维·劳伦斯开始治理污染，以改变匹兹堡因早期发展钢铁等重工业造成的"烟城"形象，城市污染标准提高，大量钢铁厂被要求外迁。

20世纪70年代，随着钢铁需求下滑以及日本、欧洲钢铁行业的崛起，匹兹堡钢铁产能过剩，钢铁企业开始大规模裁员，失业高峰时流失了44%的工作岗位，城市陷入衰退。此外，王旭指出由于美国传统工业大州步入"去工业化"阶段，宾夕法尼亚州各市受较大影响，匹兹堡冲击最大，经济一路下滑，40年中流失近20万就业岗位。[4]为此匹兹堡开始了第二次复兴计划，时任市长的理查德·加里古里继续进行环境治理，同时开始重视文化及社区建设，然而匹兹堡经济依旧持续下行。1978年，随着第二次石油危机爆发，美国经济陷入30年代大萧条以后最严重的一次经济危机，也给匹兹堡带来了灾难性的影响。大量工厂倒闭，经济严重下滑，工人大量失业，由此引发了严重的社会问题，大量人才纷纷离开匹兹堡，匹兹堡经济社会发展跌入冰点。政府开始意识到仅仅改善环境还不足以使城市获得新生，产业结构单一才是问题的根源，需要进行经济结构调整，扶持高新技术产业，大力兴建公共基础设施与商业设施。

20世纪80年代，匹兹堡第三次复兴计划开始，匹兹堡的经济基础转向教育、旅游和服务业，尤其是医疗和以机器人制造为代表的高新技术产业。1985年，匹兹堡市政府与卡内基梅隆大学共同制定了"21世纪发展战略"，确定以经济多元化为改革纲领。该战略认为，21世纪的匹兹堡必须以企业家精神和研究型企业为根基，发展多样化经济。其中，医疗、生物技术、机器人制造以及金融服务业被列为优先发展的行业。时任市长的理查德·卡利久里表示："我们要成为世界主要的研究之城，也要成为服务与零售、健康护理、器官移植之城，以及高科技之城。"

如今，匹兹堡已经成为以生物技术、计算机技术、机器人制造、医疗健康、金融、教育闻名的繁荣的工商业城市，80%的高薪职位来自科技行业与教育部门。人工智能、生物科技、精密科技工业与软件工程已经成为匹兹堡的重点强项。《华尔街日报》因此将匹兹堡称作"机器堡"，匹兹堡更是接连被《经济学人》与《福布斯》评为"全美最适宜居住城市"。

当前，关于匹兹堡经济转型政策分析的相关研究还不系统。美国著名历史学家 Roy Lubove 在 *Twentieth-Century Pittsburgh：The Post-Steel Era*（《20世纪匹兹堡：后钢铁时代》）一书中最早介绍了匹兹堡的复兴之路及转型成就[5]，但缺乏对政策的梳理和对经验的总结。国内学者石秀华[6]、覃剑[7]、李振营[8]针对匹兹堡的相关研究大多将其成功经验概括为改善经济结构单一问题、加强基础设施建设、发展高新技术经济、发展教育、改善娱乐设施几个方面，并未对匹兹堡的困境与转型演化规律进行探索，也没有明确的政策梳理。而张贤和张志伟虽然梳理了匹兹堡政府为促进传统产业升级而采取的一系列产业政策[9]，但并未探究发现匹兹堡转型的重点与路径。所以匹兹堡的成功转型经验究竟得益于哪些政策，其政策演化规律、组合效应、路径以及策略重点又是什么，均有待深入剖析。为此，本章结合内容分析法与文献比较法，通过对匹兹堡转型政策的分析与概括，试图解决以上问题。

二 美国匹兹堡资源型经济转型的关键障碍因素

（一）环境污染严重，人口流失

匹兹堡天生的资源优势以及产业结构，使得匹兹堡在发展的同时造成了严重的环境污染，空气质量很差。1948年的多诺拉烟雾事件是匹兹堡周边环境污染的典型案例。由于环境污染严重，大量人口移居搬迁，匹兹堡人口流失严重，经济下行速度进一步加快。环境污染与人口流失，是匹兹堡转型的第一个关键障碍因素。自20世纪50年代起，匹兹堡开始采取一系列环保举措，主要包括：提高钢铁企业排放标准，减少沥青煤的使用；全面改造居民区，使用天然气取暖；改造机车和拖船，使用煤油取代燃煤；1990年通过《洁净空气法修正案》进一步限制二氧化硫、氮氧化物和臭氧排放。但环境政策的调整不足以从根本上解决匹兹堡的转型问题，其他因素也至关重要。

（二）经济结构单一，失业增加

匹兹堡经济最突出的特点是高度专业化，每5个人中就有1个人从事原料钢铁冶炼，城市经济与人口就业过分依赖钢铁行业，使得"去工业化"进程导致的钢铁行业垮台直接摧毁匹兹堡的经济，令城市陷入危机。根据美国经济分析局的数据，1983年，匹兹堡的失业率高达17.1%，每个月平均有4000人失业；1970年至1990年，匹兹堡失去了30%的人口；1976年至1986年，匹兹堡制造业雇用人数下降45.5%。由此可以发现，匹兹堡由于经济结构过于单一，工业行业聚集了大量就业人口，所以工业的没落直接导致大量人口失业，造成经济衰退，人口流失。产业结构不合理，经济结构单一，也是匹兹堡转型的关键障碍因素之一。

（三）基础设施薄弱，吸引力不足

除以上两个关键障碍因素外，匹兹堡基础设施落后，公共福利薄弱，对人才的吸引力不足，也是匹兹堡转型发展的关键障碍之一。通过对匹兹堡案例背景的分析可以知道，复兴后期，匹兹堡政府意识到加大基础设施建设的重要性，市长理查德·加里古里在任期间建设了梅隆大厦、PPG等摩天大楼；汤姆·默菲任市长时强调绿色建筑，兴建了PNC公园、匹兹堡金融峰会会址戴维劳伦斯会议中心等。匹兹堡资源型经济转型的关键障碍因素具体关系如图4-1所示。

图 4 - 1 匹兹堡资源型经济转型的关键障碍因素

三 三维互动视角下美国匹兹堡资源转型政策分析

根据已读文献与查阅匹兹堡新闻发现，匹兹堡主要依赖于产业的成功转型而顺利实现城市转型，其中环境改善以及发展教育科技是重点。因此，本研究采用内容分析法，利用关键词"environment""industrial""education"通过匹兹堡官方网站查询其相关立法政策（http://pittsburgh-pa. gov/clerk/lic），最终筛选出 2000—2017 年相关转型政策 295 条。

通过政策梳理发现，匹兹堡资源型经济转型政策以立体化结构呈现，以多种政策组合方式施行。政策工具类型有命令控制型、经济刺激型、公众参与型以及信息型四类，涉及多种政策内容，同时兼顾不同政策主体，因此，本研究试图从三维互动视角剖析匹兹堡资源型经济转型政策。如图 4 - 2 所示，第一个维度从政策主体视角进行研究，分析政府、企业等社会组织、高校、公民在政策支持下的合作推进；第二个维度以政策工具为出发点，分析命令控制型、经济刺激型、公众参与型、信息型各类政策工具在整个转型政策体系中的应用；第三个维度以政策内容为标准，分析匹兹堡钢铁行业如何通过教育、产业转型、能源及环境改善、公共建设、人才培养及就业等方式丰富产业结构，使得匹兹堡发展成为集生物技术、计算机技术、机器人制造、教育、医疗与金融等行业于一体的繁荣城市。

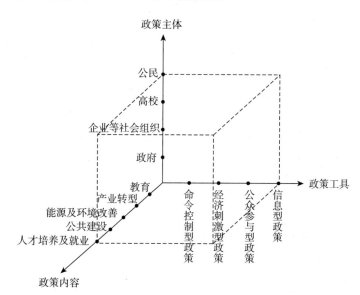

图 4 - 2　三维互动视角下的匹兹堡资源型经济转型政策分析

（一）匹兹堡资源转型政策一维视角解析

本研究通过对 295 条政策进行频数统计，形成不同维度下各类政策频数统计表（见表 4 - 1）。从匹兹堡资源型经济转型的政策主体来看，针对匹兹堡政府、企业等社会组织、高校、公民的相关政策频数分别为 64、24、51、156。显而易见，匹兹堡资源型经济转型过程中十分重视公民的作用，针对公民的政策所占比重较大，城市转型对公民的依赖度高，这体现了美国对公民参与权的尊重。

表 4 - 1　匹兹堡资源型经济转型政策分类频数统计

维度	类型	频数	类型	频数
政策工具	命令控制型	76	公众参与型	187
	经济刺激型	30	信息型	2

维度	类型	频数	类型	频数
政策主体	政府	64	高校	51
	企业等社会组织	24	公民	156
政策内容	产业转型	6	能源及环境改善	36
	公共建设	54	人才培养及就业	31
	学者、高校或组织等的名誉称赞与认可	136	高校周年祝贺和教育鼓励	17

注：表4-1中按政策内容分类共计280条政策，教育领域其余政策15条，共计295条。

从政策工具类型来看，匹兹堡资源型经济转型中以公众参与型政策为主，命令控制型政策与经济刺激型政策次之，信息型政策最少，政策频数依次为187、76、30与2。从中可以发现，公众参与型政策频数遥遥领先于其余类型政策工具，这是因为美国的转型政策属于"市场式"，政府很少做具体的转型控制，主要做规划和服务工作，城市是兴盛还是衰败，更多由市场力量和企业自身发展目标决定，因此匹兹堡的转型以调动公民参与度为主，命令控制型政策与经济刺激型政策为辅，这与政策主体视角分析结果一致。

从政策内容来看，匹兹堡的转型政策主要围绕教育、公共建设、能源及环境改善、产业转型展开，教育包括人才培养及就业，成人培训及就业，学者、高校或组织等的名誉称赞与认可，以及高校周年祝贺和教育鼓励。我们可以发现，教育政策在匹兹堡的整个转型政策体系中占比较大，频数为199（包括人才培养及就业、名誉称赞与认可、高校周年祝贺和教育鼓励以及其他教育政策）；公共建设、能源及环境改善次之，频数分别为54和36；而专门针对产业转型的政策较少，频数为6，其中命令控制型、经济刺激型、公众参与型政策频数均为2（见表4-2），主要内容可概括为支持新产业、改革旧产业、发展旅游产业以及保护文化遗产。

（二）匹兹堡资源转型政策二维视角解析

表4-1分别从政策工具、政策内容和政策主体角度对匹兹堡资源型经济转型政策进行相关研究，但是我们发现，单一维度的政策分析并不能反映政策体系全貌。因此，本研究进一步对其进行二维组合视角解析，形成政策工具—政策内容二维视角解析（见表4-2）、政策主体—政策工具二维视角解析（见表4-3）与政策主体—政策内容二维视角解析（见表4-4），探究其内在规律。

表4-2　政策工具—政策内容二维视角解析

政策工具类型	政策内容	频数
命令控制型	公共建设	50
	能源及环境改善	19
	产业转型	2
	其他	5
经济刺激型	人才培养及就业	25
	产业转型	2
	能源及环境改善	2
	公共建设	1
公众参与型	人才培养及就业	6
	产业转型	2
	能源及环境改善	15
	公共建设	3
	学者、高校或组织等的名誉称赞与认可	136
	高校周年祝贺和教育鼓励	17
	制定节日、举办活动等	8
信息型	教育公开听证	2

表 4 – 3　政策主体—政策工具二维视角解析

政策主体	政策工具类型	频数
政府	命令控制型	44
	经济刺激型	17
	公众参与型	1
	信息型	2
企业等社会组织	命令控制型	10
	经济刺激型	0
	公众参与型	14
	信息型	0
高校	命令控制型	22
	经济刺激型	8
	公众参与型	21
	信息型	0
公民	命令控制型	0
	经济刺激型	5
	公众参与型	151
	信息型	0

表 4 – 4　政策主体—政策内容二维视角解析

政策主体	政策内容	频数
政府	公共建设	22
	能源及环境改善	22
	人才培养及就业	12
	产业转型	4
	授权、决议宣布、听证等	4

续表

政策主体	政策内容	频数
企业等社会组织	公共建设	12
	能源及环境改善	7
	人才培养及就业	1
	学者、高校或组织等的名誉称赞与认可	3
	高校周年祝贺和教育鼓励	1
高校	公共建设	19
	人才培养及就业	8
	学者、高校或组织等的名誉称赞与认可	11
	高校周年祝贺和教育鼓励	7
	制定节日、举办活动、成立工作组等	6
公民	产业转型	2
	公共建设	1
	能源及环境改善	7
	人才培养及就业	10
	学者、高校或组织等的名誉称赞与认可	122
	高校周年祝贺和教育鼓励	9
	设定节日等	5

　　通过分析可以发现以下政策规律：①政府针对公共建设、能源及环境改善、产业转型多采用命令控制型政策工具，而对人才培养及就业多采用经济刺激型政策工具，对信息型政策工具与公众参与型政策工具使用较少，且多用于教育领域。②企业等社会组织行为一方面受到命令控制型政策工具约束，另一方面受公众参与型政策工具鼓励，主要参与公共建设、能源及环境改善，同时在人才培养及就业等教育方面受到赞扬、认可。③高校主要从事人才培养与技术研究，政府对高校的支持一方面体现为较多的赞扬和鼓励，同时还体现在修建学校

等公共建设方面，也体现在通过加大教育资金投入力度、减税、设置高额奖学金和奖励等手段实现经济刺激。④公民作为社会发展的核心和重要的人才来源，主要通过政府的赞扬及鼓励、资金支持等提高社会转型参与度以及学术研究积极性。

（三）匹兹堡资源转型政策三维互动视角解析

匹兹堡转型的成功不依赖于某类政策工具、某个主体或是某方面内容的单独作用，而是在各类政策组合效应下，依靠各个主体的配合实现全面转型。基于上述295条政策分析，本研究进一步对已读文献和匹兹堡新闻政策进行整合，提炼出匹兹堡代表性转型措施（见表4-5）。我们发现，公民在整个政策体系中十分重要，他们不仅是人才的来源、知识的创造者，更是推动城市发展的引擎，但是其行为需要推动与引导。

政府在政策体系中不仅充当规制者的角色，引导推动作用也十分明显。通过对所搜集资料分析发现，政府引导制造业企业向高技术方向转型，鼓励高校拓宽学术研究，提倡教育奉献；推进高速磁悬浮工业、发展电影等文化产业、扶持服务业、开拓旅游业等，以实现产业结构调整；在公共建设方面，建设高校、完善基础设施、完善城市功能的同时带动了其他一系列产业，进一步帮助城市培育了人力资本；此外，州政府还直接出资购买原钢铁公司旧址，再交由匹兹堡市政府开发成科技中心，吸引电脑软件、生物技术、机器人制造企业来此安家。

而高校及其研究院作为人才培养和技术研究的关键阵地，对于推进城市转型有重要意义。匹兹堡拥有的以卡内基梅隆大学为代表的雄厚科研力量，成为经济转型的"芯片"。有关资料表明，卡内基梅隆大学大力发展机器人等高科技研发，其中无人驾驶技术可与谷歌比肩；在计算机科学领域连年排在全美前列，苹果、英特尔和迪士尼等公司均在校内设有研发实验室；校方积极调整技术转让政策，鼓励教授创立公司，将研究成果转化为生产力，进而创造就业机会，使得匹兹堡逐渐成为全美高科技企业的重要孵化基地之一。

表 4-5　匹兹堡资源型经济转型代表性措施

政策关键词	主要内容
基础设施建设	绿色环保城市建设：匹兹堡 Pittsburgh 2030 District 工程，计划对匹兹堡的市中心区域进行环保改建，目的是通过采用新型环保技术来减少市中心区域的各项能源消耗，降低各种交通工具带来的废气排放，改善室内空气质量，同时保持匹兹堡工商业领域的竞争力
	努力建设"生活型建筑"（living buildings），即在建筑物内部实现能源循环利用，特别是通过对降水和废水的循环使用，保证水资源的独立性
	交通设施建设
	工业办公用地和工业园建设
	建设办公楼群、豪华公寓、运动场馆、会议中心等
	清除破旧住房，开发商用住房和民用住房
	棕地治理
发展高新技术经济	建设技术转化机制，发挥产学研优势发展高新技术产业
	培育新的技术产业，为新企业创建提供资金、管理等方面的支持
	制造业升级，信息化与工业化结合
	建立高技术中心，使大学和私人企业联系起来
	建立机器人研究中心和公司
发展教育，培育人力资本	重视研究型大学的作用
	对失业工人再培训
	学校建设
人才引进	改善娱乐休闲设施，增加对人才的吸引力
社会福利	为贫穷居民提供廉价住房
	发展医疗

政策关键词	主要内容
产业结构调整	创办各种各样的小型企业，建立帮助小型企业成长的组织和基金
	培育已存在的服务业
	打造以高新技术为基础、规模小而更富竞争力的制造业
	传承工业遗产，大力发展文化旅游产业
	加大产业研究开发的投入，通过增加研发资金，鼓励企业创新，提升传统产业的竞争能力
	制订产业结构调整的复兴计划
	通过抵减税收措施鼓励地方和私人企业投资，实现传统产业结构调整
	在政府采购、进口贸易、折旧政策、政府信贷等方面给予资助，扶持传统产业实施技术创新和结构升级
环境治理	颁布烟雾控制法令；提高钢铁企业排放标准，减少沥青煤的使用；全面改造居民区，使用天然气取暖；改造机车和拖船，使用煤油取代燃煤；1990年通过《洁净空气法修正案》，进一步限制二氧化硫、氮氧化物和臭氧排放
	关闭小规模的钢铁企业
	钢铁厂的厂房再利用

通过295条政策分析并结合表4-5研究发现，匹兹堡的企业一方面依靠自主研发，一方面依靠高校科研力量，致力于通过产业升级来实现企业转型，这种产学研合作的机制为匹兹堡转型提供了新的经济发展动力。与此同时，产业价值不断通过融合科技与服务来进行增值：首先，信息产业价值融合到制造业中，使制造出的产品向高精尖方向发展迈出了第一步；其次，产业价值取向不再仅仅依赖于实体化产品，技术行业所带来的"软实力"价值受到重视，为匹兹堡经济结构多元化打开了新的方向；最后，服务业价值逐渐被添加到产业体系中，医疗健康、教育、金融等服务业的逐渐发展成为新的经济着力点，人们消费的不再是实体产品本身，科技与服务也成为产品。图4-3为三维互动视角下匹兹堡资源型经济转型政策主体关系。

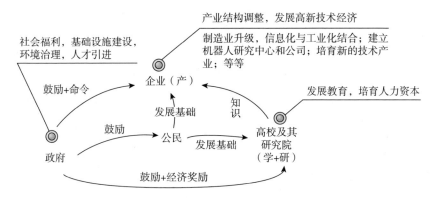

图4-3 三维互动视角下匹兹堡资源型经济转型政策主体关系

四 美国匹兹堡资源型经济转型政策演化规律及其组合效应

（一）美国匹兹堡资源型经济转型政策演化规律

匹兹堡的资源型经济转型过程曲折，转型政策也经历了多次路径调整与演化，其转型历程被称为"复兴计划"，共有三次。如图4-4所示，匹兹堡第一次复兴始于20世纪50年代，由于严重的环境污染，匹兹堡政府开始对匹兹堡进行环境改造，重点一直是城市环境整治；第二次复兴始于20世纪70年代，匹兹堡市政府更加重视文化及社区建设，在发展教育文化事业方面做出了努力，后来政府开始意识到仅仅改善环境还不足以使城市获得新生，遂开始制定和实施地区经济多元化战略；第三次复兴开始于20世纪80年代，匹兹堡将改造重点转移到促进新兴行业发展上来，在经济结构调整同时扶持高新技术产业，大力兴建公共基础设施与商业设施，投入大笔公共和私人资金建设基础设施，包括在市中心兴建高层写字楼、聘请知名设计师设计标志性建筑、建设连接南郊和市中心的地铁、更新城市轨道交通、重建中心街道等。20世纪90年代以来，匹兹堡正在向世界级都市迈进，建成了全美占地面积第四的国际机场，还兴建了大批饭店、文化体育设施，通过加强城市基础设施建设，改善投资环境，引来大量国外投资。进入 21 世纪，匹兹堡已经转型为以生物技术、计算机技术、机器人制造、医疗健康、金融、教育闻名的繁荣的工商业城市，成为美国城市经济成功转型的典范。

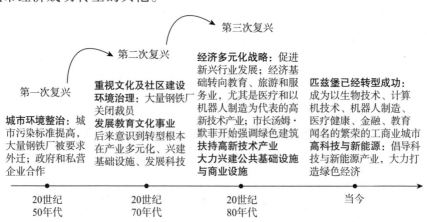

图 4-4　匹兹堡资源型经济转型政策演化规律与路径

（二）美国匹兹堡资源型经济转型政策组合效应与策略

上文细致研究了匹兹堡资源型经济转型的关键障碍因素：环境污染严重，人口流失；经济结构单一，失业增加；基础设施薄弱，吸引力不足。政府的作用在于制定相应政策，通过强制或引导手段，实现一种组合效应，使政策主体（政府、企业等社会组织、高校、公民）在以上各个方面发挥作用，以推动城市产业多元化发展。

从环境角度来看，匹兹堡政府的强制要求与企业的转型升级是实现环境改善的主要原因，所以政府制定环境保护的命令控制型政策，同时辅助并鼓励企业转型是根本途径，然而企业转型离不开科技发展，所以高校及其研究院的技术研究作用也不容忽视。

针对匹兹堡经济结构单一问题，产业多元化是主要解决途径，而产业多元化的主体是企业，制造业企业需要缩小规模提高技术水平，服务业企业需要扩大规模增加数量，高科技企业除本身自主研发外还需与高校科研机构进行合作，不同类型的企业需要不同的有针对性的支持。

　　而针对基础设施薄弱，吸引力不足等问题，最好的解决方案是加大基础设施建设、提高社会福利水平以吸引人才。交通设施的便利、医疗设施的完善、娱乐设施的普及均是基础设施建设的重要环节。人才对于生活质量的要求不再仅限于"硬性"物质条件，"软性"服务质量也成为其重要考虑因素，因此为吸引人才来本地进行建设，必须提高城市整体服务水平，建议政府牵头发展公共事业，完善基础设施建设，增强城市对人才的吸引力。

　　通过以上研究不难发现，匹兹堡资源型经济转型重点集中在产业结构多元化、环境治理和吸引人才资源等方面。具体的转型策略如图 4-5 所示。从中可以发现，产业升级、发展高精尖技术、发展教育与加强基础设施建设都是匹兹堡产业转型的有效策略，而环境污染问题的根源在于重工业污染，解决的根本途径是发展新能源。近年来，匹兹堡市长卢克雷文斯塔尔已经倡导发展科技与新能源产业，大力打造绿色经济，值得借鉴。

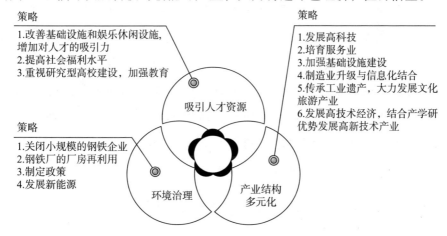

图 4-5　匹兹堡资源型经济转型重点及策略

五 政策建议

匹兹堡的转型经验分析不应聚焦于单一方面，而应结合多方面政策进行综合分析。匹兹堡转型重点围绕吸引人才资源、环境治理、产业结构多元化展开，公共建设贯穿于以上三方面，一方面完善基础设施建设和教育建设以吸引人才，另一方面采用绿色建筑改善环境，同时提供大量就业岗位刺激产业结构多元化发展，以解决匹兹堡根本问题。

（一）调整政策工具组合模式，关注政策主体能动性

由于美国与我国国情不同，历史背景有差异，因此在借鉴匹兹堡经验时需要考虑我国国情以及山西特色。在政策工具组合方面，匹兹堡采取以公众参与型政策为主，命令控制型政策、经济刺激型政策为辅，信息型政策适量的政策组合模式；对我国资源型经济转型地区而言，公众参与型政策并不适合作为主要政策类型，而应以命令控制型政策与经济刺激型政策为主，但要在公众参与型政策方面适当加大比重从而调动公民能动性，同时增加信息型政策从而加强政府与公民的互动。在政策主体方面，匹兹堡政府十分重视公民主体，政府只充当规制监督者和政策引导者，高校与企业是创新的来源；对我国资源型经济转型地区而言，公民应当受到重视但不能成为转型的主体，而且我国企业创新活力不足且意识薄弱，政府应在引导企业方面适当进行调整以提高企业创新积极性，同时应大力支持高校科研创新，为我国资源型地区经济转型提供技术创新来源。

（二）加强基础设施建设，继续治理环境

借鉴匹兹堡的政策经验，政府应牵头推进基础设施建设工程，同

时加大环境治理力度，实现废旧工厂再利用，重点避免豆腐渣工程再现。此外，匹兹堡借加强基础设施建设之机为贫穷居民提供廉价住房，实现了部分社会福利功能，这点也值得山西省借鉴。

（三）抓住机遇，结合信息化产业进行工业升级

我国资源型经济转型地区工业发展陷入瓶颈，缩小工业企业规模，提高工业企业质量，做小做精是工业转型的出路之一。近年来互联网高速发展，信息化普及，将信息化与工业化相结合不仅可以提高工业企业创新能力，同时也可以为工业升级带来新思路。

（四）技术引进与自主研发相结合，重视高校科研能力，建设产学研体系

我国资源型经济转型地区多数企业不具备研发能力，技术创新能力也不足，更重要的是没有带头创新的勇气与意识，因此政府需要通过制定政策以刺激企业进行创新，引进技术帮助企业成长，同时鼓励企业进行自主研发，更重要的是，匹兹堡经验提醒我们必须充分利用和发挥高校及其研究院的科研力量，进行技术自主研发，建立技术转化机制，发挥产学研体系的共同进步作用。

（五）提高城市人口素质，实施有力的人才引进战略

人才是城市发展的核心，人口素质的提高能够促进城市发展。目前人才流向不仅仅取决于工资水平，人才需求向多元化发展，良好的生存环境、完善的社会保障与公共服务、休闲娱乐设施的构建等都成为人才落户的考虑因素，因此需要从各个方面进行努力。此外，提高人口素质需要"软硬兼施"，一方面加强管制力度，另一方面通过宣传教育进行引导，例如用从事公共劳务活动代替单纯行政

惩罚。

（六）发展可再生能源，考虑能源公平

对于我国资源型经济转型地区而言，环境改善的关键在于改变能源消费结构。目前，全国能源处于转型升级阶段，利用这个契机率先成功实现能源转型，将是我国资源型经济转型地区实现健康发展的重要一步，需要引起足够重视。在匹兹堡，一半的低收入家庭的能源支出是高收入家庭的两倍。在发展可再生能源的同时，能源公平问题也不可忽视，转型政策的设计要同时兼顾能源消费结构的顺利过渡和人民生活的福利水平。

参考文献

［1］马克、李军国：《我国资源型城市可持续发展的实践与探索——国内资源枯竭型城市十年经济转型经验与展望》，《经济纵横》2012 年第 8 期。

［2］T. G. Harwood, T. Garry, " An Overview of Content Analysis," *Marketing Review* 2003, 3（4）: 479 – 498.

［3］S. N. Duryea, "Holding on to Steel: Pittsburgh Culture in the Age of Globalization," *Globalizations* 2014, 11（6）: 767 – 776.

［4］王旭：《美国传统工业大州"去工业化"（1950—1990）——以宾夕法尼亚州为中心的考察》，《世界历史》2016 年第 5 期。

［5］R. Lubove, *Twentieth-Century Pittsburgh: The Post-Steel Era*（Pittsburgh, PA: University of Pittsburgh Press, 1996）.

［6］石秀华：《国外资源型城市成功转型的案例分析与比较》，《科技创业月刊》2006 年第 12 期。

［7］覃剑：《资源枯竭城市经济结构转型的经验与启示》，《生产力研究》2016 年第 8 期。

[8] 李振营:《美国"钢都"匹兹堡转型战略及政策初探》,《泉州师范学院学报》
    2009 年第 3 期。

[9] 张贤、张志伟:《基于产业结构升级的城市转型——国际经验与启示》,《现代
    城市研究》2008 年第 8 期。

第五章

以创新促进资源型经济转型的挪威经验

朱丽萍[*]

我国拥有得天独厚的自然资源优势。长期以来,其一直是引领经济发展的一个重要支撑点,很多地区 GDP 的增长主要依赖于资源的开采。但随着资源枯竭、环境治理工作开展,如何实现资源型地区经济转型,产生新的经济支撑点成为其未来发展所面临的重要难题。而挪威作为一个石油资源型国家,与我国某些资源型地区的资源环境有许多共性,挪威通过制度与技术创新成功地实现了资源型经济的转型,这对我国资源型地区未来经济的转型发展有巨大的借鉴意义。在未来的发展中,我国资源型地区必须依据本地实际,通过进行制度创新、加强科技成果转化、出台强有力的人才吸引政策、大力培育现代新兴产业等措施,实现对资源的有效转化,完成经济的转型发展。

一 挪威的资源型经济特征与我国资源型经济存在的问题

挪威王国 (挪威语: Kongeriket Norge 或 Kongeriket Noreg),简称"挪

---

* 朱丽萍,山西财经大学国际贸易学院,副教授、硕士生导师。

威"（挪威语：Norge 或 Noreg），意为"通往北方之路"，是北欧五国之一，位于斯堪的纳维亚半岛西部。挪威领土南北狭长，海岸线漫长曲折，沿海岛屿很多，被称为"万岛之国"，领土与瑞典、芬兰、俄罗斯接壤。根据联合国于 2017 年 3 月 20 日国际幸福日（World Happiness Day）发布的《2017 年世界幸福报告》（World Happiness Report 2017），挪威在被评测的全球 155 个国家和地区中被评为"全世界最幸福的国家"。

挪威是高度发达的工业化国家，是当今世界上最富有的国家之一，2017 年人均 GDP 排名世界第三，达 75704.268 美元，比美国人均 GDP 高出 4762.697 美元（美国 2017 年人均 GDP 为 70941.571 美元）。石油工业是其国民经济的重要支柱，挪威也是西欧最大的产油国和世界第三大石油出口国，并于 2009—2018 年连续获得全球人类发展指数排名第一。除石油外，造纸、造船、机械、水电、化工、木材加工等也是挪威的传统发达产业。

（一）挪威的经济发展水平

图 5 - 1 与图 5 - 2 为挪威 2009—2017 年 GDP 与人均 GDP 数据。

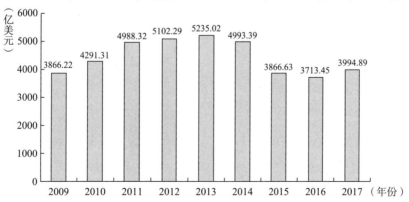

图 5 - 1 2009—2017 年挪威国内生产总值

资料来源：根据挪威统计局官方网站数据整理。

2017 年挪威的 GDP 为 3994.89 亿美元，同比增长 7.58%，共 5276968 人，人均 GDP 为 75704.268 美元，位居世界第三名。

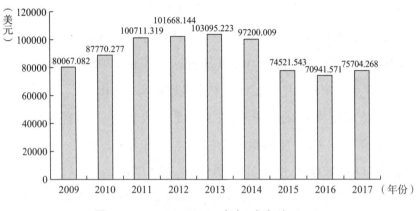

图 5 - 2 2009—2017 年挪威人均 GDP

资料来源：根据挪威统计局官方网站数据整理。

（二）挪威的经济结构特征

挪威是世界主要的石油输出国，是 2016 年世界十大石油输出国之一，出口额为 226 亿美元，石油出口额占世界石油总出口额的 3.3%。2016 年，挪威石油行业人均产值为 1000 万挪威克朗，是渔业人均产值的 6 倍，是航运业的 7 倍多，是工业的 11 倍，是农林业的 20 倍。此外，挪威全国有 11% 的工作岗位对世界石油需求高度敏感，33 万人从事与石油工业有关的工作；30% 的商业资本投资与能源相关，2012 年的投资额达到 1750 亿挪威克朗；许多制造企业专门从事石油钻探设备建造。挪威的石油主要用于出口。2016 年的一组相关数据显示：挪威约 50% 的出口收入来自石油，但是，石油和天然气产值不足挪威 GDP 总值的 20%，并总体呈下降趋势（见图 5 - 3）。

1971 年挪威在北海埃菲斯克油田开采出第一桶石油，那时挪威人均 GDP 还低于西方发达国家的平均水平，连专门的石油管理部门

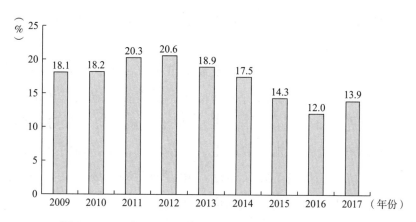

图 5-3　2009—2017 年油气产值占挪威 GDP 比例

资料来源：根据挪威官方网站统计数据整理。

都没有，直到 1972 年才成立挪威国家石油公司 Statiol。1975 年，挪威首次成为石油输出国，开始正式迈向石油之国。同时，挪威用出口石油所获得的资金，改进海底钻井技术，使石油勘探从浅海走向深海，相继在挪威海、巴伦支海的挪威大陆架上发现了许多油田以及天然气田。到 2017 年，挪威石油储量在世界排第 16 位，产量在世界排第 7 位。随着挪威有意减少石油开采量，如今挪威是世界十大石油出口国、第三大天然气出口国。石油给挪威带来了巨大的财富积累，使挪威经济实现腾飞，国民收入骤增，人均 GDP 居世界第三位。

（三）我国资源型地区发展中的问题

我国有五千多年的历史，地大物博，自然资源丰富，由此产生了一些依靠本地自然资源发展经济的资源型地区，其前期发展充分利用境内的矿产资源开发，在全国矿业经济中占有重要地位。但随着资源长期开发，资源枯竭、环境问题日益突出，其经济增速减缓，已经影响到其未来发展水平的提高。

1. 经济发展对矿产资源的依赖性强，对制造业与服务业造成挤出效应

对资源型产业的过度依赖，导致城市生产要素向资源部门集中与集聚，资源型地区对资源部门过度依赖，要素被锁定在资源部门，产业单一，制造业和农业被挤出，资源型地区陷入资源优势陷阱。同时，地区经济受外部冲击影响严重，经济停滞不前，国内外资源市场低迷，需求减少、价格下降，导致 GDP 受到严重影响。只有当资源价格回暖时，GDP 才会出现较大幅度的增长。

2. 资源生产对城镇化带动作用减小，城镇化滞后，城乡差距加大

资源开发或者矿区布局具有资源指向性，而资源一般分布在偏远地区，生态环境较脆弱，不适宜人类居住。资源开发区域依矿而建，再加上资源产业前后向联系及区域联系非常弱，产品链条短，属于嵌入式的"飞地"经济，需求市场主要在区外，与本地市场关联性弱，其增长与发展难以形成带动当地经济发展的乘数效应，制约了城镇化进程。另外，矿业经济主体逐利，加剧了城乡的收入差距、生活环境差距、基础设施差距。产业单一与空间布局的分散性，弱化了城市的聚集经济效应；资源租金收益的流失与转化，加剧了矿区、城镇、乡村的收入差距；矿业开发的负外部性，不利于城镇建设、乡村生产与生活环境改善。

3. 生态环境遭到破坏，补偿机制不完善

资源开发过程造成生态环境的破坏，以及对本体资源的浪费，导致资源利用率不高，开发的资源价值低，生态环境的补偿制度不够完善，政府对资源税、补偿费用征收不足。资源被开采后，污染和贫穷都留在当地，环境污染、产业结构单一、收入水平较低等问题凸显，大部分输出低价能源的地区，缺乏治理内部问题的资本，从而使生态问题更加严重，造成无法扭转的困局。[1]

4. 技术进步缓慢

要素挤出效应的存在，导致资源型地区的经济增长主要依赖资源、资本，而不是技术进步和人力资本。因此，资源型地区普遍缺乏危机意识，无论是政府还是当地居民，均不重视教育，对教育和研发投入不足，对高端人才吸引力不够，无论是对产业发展的需求，还是对教育和研发的供给，都存在挤出效应。由于缺乏高技术人才，技术进步缓慢，高科技产业与制造业、生产性服务业发展动力不足，资源型地区经济发展水平低下。

5. 资源收益分配不合理，财富流失严重

矿产品价格机制不完善及开发中的负外部性，导致资源低价卖出，财富从资源生产地转移到资源使用地。矿产开发收益分配体制不合理，导致大部分收益集中在少数人手中，而这少部分高收入者主要在外地，即非资源型地区，不能转化为当地的消费和投资，从而导致资源财富的流失。[2]

除以上问题外，过度依赖资源型产业，加之开采不合理、制度不完善，都会导致本地生态环境恶化，资源利用效率低下。同时，资源型地区的国民经济发展过于依赖资源型产业，不够重视产业链条的扩大以及技术的发展，产业结构单一化的特征难以扭转，这是阻碍我国资源型地区经济发展的主要原因。

二　挪威与我国资源型地区经济发展模式的差异

挪威石油与天然气储量丰富，是世界重要的石油输出国之一，挪威出口的收入中石油出口占到50%。我国资源型地区也是资源的主要输出地区，比如山西省每年的煤炭产量中，本省消耗1/3左右，其余2/3都输往外省和出口；山西、陕西、内蒙古、贵州等地，是我国重要的资源生产地区和输出地区，都具有资源型经济发展特点。

我国部分资源型地区与挪威虽然同为资源丰富地区，但是其经济发展模式、制度设计、产业结构都不相同，比较两者的差异，有利于了解我国资源型地区在资源型经济发展中的不足和缺陷。

（一）对资源的依赖程度不同

虽然挪威石油生产量和出口量巨大，但是挪威石油和天然气产值占 GDP 的比例不到20%，2017 年更是降到 14% 左右。虽然石油和天然气在挪威经济中非常重要，但是挪威的经济发展并不仅仅依靠石油和天然气产业，而我国资源型地区的资源产出大多占 GDP 的 45% 以上，对资源产业的依赖程度很高，资源产业作为支柱性产业，其发展状况影响着一个地区经济发展的兴衰。

（二）关联产业发展程度不同

挪威在开发石油资源的同时，大力发展石油资源勘探、采掘技术，延伸产业链条，并用石油基金与创新基金积极投资和发展其他科技产业，使得石油市场的价格甚至金融危机对挪威经济的影响较小。我国资源型地区对关联产业的重视程度不够，资源产业带动其他产业发展的作用较小，甚至在很大程度上阻碍了其他产业的发展，一旦资源枯竭或者发生严重的生态问题，资源型地区发展极有可能陷入停滞。

（三）资源收入用途不同

对于资源出口所得的收入，挪威通过设立石油基金，组成专业投资管理队伍，在获取稳定收入的同时，也避免了国际石油价格波动对国内产生消极影响，并能够应对未来老龄化社会问题。而我国的资源型地区，虽然也建有可持续发展基金，但其收入大多用来发展房地产等行业。收入用途不同，基金运作模式不同，从而导致基金产生的效应与作用也就不尽相同，我国资源型地区经济转型面临更大的阻碍。

（四）对生态环境影响不同

挪威油田主要在周边海域，对区域生态环境影响较小，而我国资源型地区大多的开采地在陆地地区，对生态环境影响较大，环境恢复压力远大于挪威。另外，我国资源型地区80%的电力主要是火电，因而不论是资源输出还是经济发展，都离不开煤炭。虽然挪威也是欧洲电力生产和供给国家，但是挪威的电力主要是水电，其积极发展清洁能源，而不是依靠石油和天然气等能源，国内产业对能源的依赖程度很低。[3]

三　挪威资源型经济成功转型的经验——创新

虽然挪威经济发展主要依靠石油和天然气出口，但其有效规避了资源诅咒，主要原因是挪威在资源型经济转型方面进行了制度创新。挪威的资源型经济发展模式具有很多可以借鉴的地方，其制度创新与技术创新为资源型地区的经济发展提供了一条很好的思路。我国资源型地区也应该提高制度创新与技术创新的能力，因地制宜制定符合实际情况的制度安排，减少对资源产业的依赖，走制度创新与技术创新之路，成功实现资源型经济的转型发展。

（一）制度创新

1. 创立石油基金

挪威主权财富基金规模在2017年9月时突破了一万亿美元，是全球最大主权财富基金，该基金又被称为"石油基金"。石油基金主要包括两类基金。第一类是挪威全球养老基金。挪威政府在 20 世纪 90 年代就发起建立了政府石油基金（The Government Petroleum Fund，2006 年更名为"挪威全球养老基金"），基金由挪威中央银行负责管理。设立该基金的目的在于当石油资源枯竭和人口老龄化趋势加剧时，给国家继续带来可观的财政收入，从而惠及全体公民。该基金对 77 个国家的 8958 家公司进行了投资，谷歌母公司 Alphabet、苹果、微软、雀巢等都拥有来自该基金的投资，其资产规模还在不断扩大。第二类是挪威政府养老金。挪威政府养老金是一只重要的石油基金，它是由挪威石油基金与国家保险计划基金在 2006 年改组后合并构成的。区别于挪威全球养老基金，这只成立于 1967 年的国家保险计划基金受到限制，必须投资国内公司，因此其主要在奥斯陆证券交易所活动，是挪威许多大型公司的重要股票拥有者。

在两笔基金的共同作用下，挪威主权财富基金成为保护未来一代和应对突发事件的坚实经济支柱，同时有效缓解了政府赤字压力，更是挪威社会安全网和高福利政策的有力保障。[4]

2. 完善的工会制度与报酬制度

挪威工会制度的管理模式早在 20 世纪 30 年代就已经初步形成。挪威劳工和资本（工会和雇主联合会）就规范解决工资谈判和冲突问题达成了一项协议，这项协议的结果是：工资和企业利润紧密地联系在一起，因此工会参与收入政策，促使工人工资差异稳定，从而改善了本国的贸易比价，抑制了资源的流动。在工会制度下，挪威各产业部门间的工资差异维持在较低且稳定的水平上，有利于改善本国的贸易比价水平，从而抑制资源从其他部门向资源产业部门流动，维持经济的良好运行。

3. 资源型经济转型与绿色革命

挪威是除海湾地区之外最大的油气生产国，油气行业在挪威经济中占重要地位。虽然挪威是世界主要石油出口国家，但是挪威的经济并不主要依赖石油。挪威统计署数据显示，2017 年油气产业产值占挪威 GDP 的 13.9%，占投资总额的 19%，出口额中的 39% 来自油气产业，全国人口中的 7% 从事油气产业相关工作。

近年来，挪威产业正在逐渐摆脱对能源的依赖。如挪威的电力产业主要是水电，水力发电占到总电力的 96.3%，火力发电仅占到 2.3%；挪威将新经济增长点放在海洋科技、生命健康、清洁能源等高新技术产业，并推动制造业升级，发展涡轮机与发电机制造业，汽车零部件与铝产品，罐头、化工、金属产业，以及航运工具，通过一系列措施刺激制造业优化升级，已取得一定成果。挪威计划在 2025 年全面禁售化石燃料汽车，挪威政府根据《巴黎气候变化协定》，计划在 1990 年水平的基础上，减少至少 40% 温室气体的排放，并在 2050 年之前成为低碳国家。[5]

4. 资源收益国有化

挪威大约有 90% 的石油租金汇入政府收入中。为了避免这些收入成为寻租的源泉，20 世纪末挪威政府遵循集中化报酬、平等性偏好等社会准则，保证了石油财富能在全民中平等分配，从而避免了分裂性的寻租行为。"中央政府应该成为租金的主要受益者"这一政策在挪威逐渐为大众所接受，其部分原因是资源本质上是国家的共有财产，而不属于任何个人。政府将资源租金或以该租金为基础获得的投资收益作为政府支出用于国民经济运行，可以提高经济效益，有利于挪威福利事业的长期融资。

20 世纪 70 年代北海油田大量开采，石油给挪威和英国都带来了可观的收入。挪威建立了主权财富基金，把这不可再生的自然资源变作长期的、理性的投资，使财富可以在未来由全社会分享。英国没有建立主权财富基金，石油财富或者成了跨国公司的巨额利润，或者成了政府的税费收入，这些收入都"及时消费"了，没有为社会做有利于未来的理性投资。金融海啸发生之后，挪威和英国的经济状况形成鲜明对比。挪威有石油收入积累的主权财富基金在手，抄底世界股市，使全民财富大增。英国政府手中的石油财富早已被消费了，不仅没钱来抄底，连对抗海啸的应急资金都没有；石油跨国公司更不会掏出自己的利润来帮助英国缓解海啸的冲击。为了应付金融海啸，英国的财政赤字飙升，剧增一倍多，而挪威则安然享受着财政盈余。

（二）形成国家、地区和部门的多层面技术创新体系

除了国家层面制度的创新之外，挪威还建立了一套从国家到地区再到产业的技术创新体系，这套创新体系成为资源型产业创新的动力。

1. 多层面的创新管理体系

在挪威，负责科技创新的机构主要有三个，挪威研究理事会（Research Council of Norway）、挪威创新署（Innovation Norway）和挪威产业发展公司（SIVA），而这三个机构均为国有企业，董事会由学术界和私营机构组成，一方面为政府研究和创新政策的制定提供建议，另一方面也为创新企业发展提供咨询和服务。

挪威研究理事会对科研的投入不断加大，2018财年国家预算中对科研的投入预算再增加12亿挪威克朗。为了鼓励促进企业在特殊地区开展具有潜在盈利可能的商业活动，挪威创新署提供贷款、担保以及股权投资，该机构的资产总额已经超过87.2亿挪威克朗，借助这个网络，挪威企业的最新创意可以"走出去"，获得外国资本支持。产学研结合，即教育、科研与产业紧密结合是挪威创业项目常见的模式，在科研和创新的实施层面，挪威形成了所谓"三位一体"的格局，即高等教育机构、独立研究机构、工业研究部门共同推动

科学研究。[6]

2. 创新动力体系

技术创新是挪威资源转型得以成功的关键。为防止过分依赖石油资源，挪威通过政策导向大力发展知识经济，鼓励公司重视研发活动，并与外国公司合作，加强新技术领域（包括软件开发、通信技术、空间产业、生物技术）的发展，其中太空导航技术发展惊人。挪威是高国有化加高福利的国家，石油、电力、化工、银行、交通等关键部门都控制在国家手里，国有公司产值占总产值一半以上，这是国家对经济进行干预和提供高福利水平的物质基础。进入 21 世纪，挪威逐渐扩大私有化，对国有大企业进行股份制改革，吸收私人资本，引进竞争机制，增加经济效益。

3. 制定国家创新计划

2002 年在挪威研究理事会内部建立专门的创新部门，主要负责为企业提供 R&D 资金支持，并促成企业与公共研究机构在石油产业、渔业及 ICT 行业的创新研发合作。2003 年挪威贸易和工业部制定了"整体创新政策计划"，该计划从国家和地区两个层面对挪威现有的创新水平进行了描述，并强调在今后的创新发展过程中，利益相关者之间要进行合作，政府各部门也应进行政策协商。除提供资金支持之外，政府还提出了对企业 R&D 进行补贴，这种补贴理论上是一种税收，由于企业大多申请支付较少的税，这项计划通常以补贴的形式开展。2004 年挪威政府成立了挪威创新署，该组织兼并了已有的若干个公共研究机构，主要负责为工业及创新发展提供支持与服务，且特别关注农村地区的发展。2012 年挪威研究理事会更新了《国家科研基础设施战略和路线图》，详述了挪威科研基础设施建设发展战略及创新领域的优先顺序，这不仅为国家科研及创新发展提供了具有长久性及稳定性的财政投入，而且为创新基础设施建设及科技设备引进提供了政策保障。在创新发展领域，挪威政府提出了面向 2020 年的"超越国界——国际合作战略"。挪威希望通过国际科技、R&D 及创新合作解决全球性社会发展挑战，提高科研质量与规模，确保本国在国际知识竞争"通道"中顺利通过，提升贸易与工业竞争力，最终在"精选"领域发展成为世界级先进国家。

四　挪威资源型经济转型发展对我国资源型地区未来发展的启示

挪威资源丰富，但是其经济并不完全依赖于资源，并且把资源的收入用于建立基金促进创新，以创新促进高新技术的发展，为国家经济的发展提供持续的动力，其创新模式对我国资源型地区的发展具有重要的启示作用。

（一）从实际出发，进行制度创新

1. 建立能源基金，发展科技、教育、养老事业

建立以资源产业为基础的可持续发展基金，建立生态环境恢复机制和资源产业转型机制，促进资源型地区工业的可持续发展。在财政支持有限的情况下，利用能源基金发展教育、科技、养老等事业，有效促进地区经济的长远发展。充分利用好基金，将能源基金中的30%用于支持资源型企业转型发展，支持资源型地区发展基础设施，提升城市现代化水平，成为交通便利、生活便利、环境优良的宜居城市，为发展非煤产业、吸引产业与人才进驻奠定基础设施条件。

资源型地区经济转型，必须有新兴产业的支撑，使新兴产业逐步形成支柱产业，从而弱化资源型产业在经济中的比重。因此，应设立创新基金与教育基金，加大新兴产业的创新、研发与人才培养的投入

力度，增强新兴产业的竞争力与优势，逐步形成以新兴产业为基础的产业集群，从而形成新的支柱产业。科学有效地管理基金，把这笔资金用于稳妥型的国际或国内资本市场投资，实现基金的有效增值，从而扩大资金盘，为后续可持续发展提供稳定的资金支持。实现基金收益的多元化和持续增长，以适应国内外经济冲击、市场的不确定性与老龄化趋势。

2. 促进技术创新，建立产学研科技合作制度

经济的发展、科技的创新都需要人才引领和支持，不论是挪威还是世界其他资源型地区如美国匹兹堡等，在产业转型中，都依托于地区的教育与科研资源为形成高科技产业奠定人才与技术基础。因此，我国资源型地区要转型发展，必须加强与省内甚至国内高校的产学研科技合作，将产业转型依托于技术创新，以技术创新促进产业升级和规模扩大，实现经济的高速、有效、可持续发展。

3. 出台强有力的人才吸引政策与制度

资源型地区的发展离不开人才与智力的支持。由于资源型产业的挤出效应，我国资源型地区缺乏高端制造业、现代服务业的高级人才，高校培养的大学生、研究生、博士生首选到北上广就业，造成资源型地区的教育、科研及高科技企业极度缺乏人才。资源型地区应该出台强有力的吸引人才政策，吸引优秀人才到高校、科研院所、企业工作，发展具有优势的科学技术、学科及科研教育资源，并积极促进科技成果转换，实现产业化，为新兴产业的发展奠定人才与技术基础。同时，建议政府出台灵活的人才流动政策，打破户籍、地区界限，鼓励国内外高级专家人才为资源转型发展、人才培养做出贡献。

（二）培育现代新兴产业替代资源型产业，促进经济增长

技术决定创新成本，需求决定报酬。所以应当加大科研投入，加

强区域创新，健全社会化的服务体系，合理发展培育新兴产业。针对资源型地区产业单一现象，通过产业延伸、产业融合、产业开发、产业移植等，推动产业多元化发展。[1]

1. 产业延伸

基于技术创新与工艺革新，延伸资源产业链条，提高资源的利用率与产业的附加价值。例如在大型矿区，布局高耗能产业、延伸发展冶金与新材料制造业；从资源优势和制造业基础出发，由生产初级原料向生产制成品转变，发展精密铸造和高档金属制品。通过产业延伸，提高资源型地区产业的附加价值，助力经济转型。

2. 产业融合

通过资源产业与其他产业之间的融合或者与原有产业新理念的融合促进新产业如煤炭旅游、煤炭金融、煤炭物流以及生态旅游、生态农业等的发展。煤炭在我国资源型地区的工业体系中的作用非常重要，应在保证煤炭产量并保证工业生产的基础上，促进煤炭产业与其他产业融合，增加融合产业的产出，逐渐减少地区经济对单一煤炭产业的依赖，促进产业转型。

3. 产业开发

通过挖掘本地新资源优势，发展新兴替代产业，或重新开发废弃资源，将其转化为新能源、新产业。通过政策与法律的引导和激励促进对废弃资源的二次开发与治理，既是资源丰裕地区政府与开采企业必须尽到的社会责任，也是变废为宝提升经济与社会效应的过程。产业开发不仅能促进信息产业数量和质量的提高，而且能通过新产业的发展削弱资源型产业的影响，有力地促进资源型地区的经济转型。

4. 产业移植

从区外引进具有高技术含量、低耗能特征的高新技术产业或劳动力密集型产业。通过产业移植、跨区合作、并购等具体方式，在政府引导扶植及市场运作下，使市场潜力大、就业带动率高、竞争优势明显的产业迅速成长起来，形成多元产业结构，共同支撑经济的良性发展。

（三）以品牌战略驱动产业复兴，实现小产品大市场

历史上资源型地区的产业结构中不乏制造业以及轻工业占有重要地位的。如山西省机电业、家电业、纺织业曾经有很好的品牌与企业，而且目前依然存在优秀的制造企业。虽然与矿产资源等大宗商品相比，这类产业产品小、市场小，但是在技术和质量上其依然具有优势。在转型发展中应加强这类产业的品牌建设，推动产业复兴。

1. 高质量发展传统产业

目前资源型地区也有一些具有技术优势的企业，比如 LED、棉麻生产、羊绒生产、食品加工等，这些企业的规模和技术在全国也名列前茅，但是由于没有形成产业集群，带动地区经济增长效应低，品牌效应较弱，影响力较小。在资源型地区经济转型过程中，应该充分发挥这些已有企业的优势，加大力度扶持其进行技术创新，实现技术升级、产品升级。

2. 设立品牌推广基金

在能源基金中专门设立品牌推广基金，支持具有市场优势的纺织业、制造加工业、食品加工业、快消品业等特色产业发展，使其加强品牌建设和技术升级，将产品做精做强，实现小产品大市场的战略目标，这对于资源型地区进行经济转型有强烈的推动作用。

3. 加强营商环境建设

资源型地区的政府部门在推动非资源产业发展过程中，应该营造健康完善的发展环境，减轻企业负担，尤其是在企业发展遇到土地、技术、人才等方面的瓶颈时，政府应给予重视与支持，在体系认证、质量认证、环境影响评价、土地规划等方面给予制度与政策支持，减

少企业制度成本与时间成本，为企业营建良好的发展环境。

虽然挪威资源型经济与我国资源型地区经济的发展模式有比较大的差异，但是其在经济发展与转型过程中采用的方法措施对我国有重要的借鉴意义。通过技术创新，在政府、企业和市场的大力协作和推动下，扶持发展一批生态环境友好、市场潜力巨大的新兴产业，可以有力促进我国资源型地区的经济转型，使其经济快速健康发展。

参考文献

[1] 景普秋：《资源型区域矿—城—乡冲突及其协调发展研究》，《城市发展研究》2013 年第 5 期。

[2] 孙毅、景普秋：《资源型区域绿色转型模式及其路径研究》，《中国软科学》2012 年第 12 期。

[3] 周智宇：《挪威：靠石油富国 却在奋力绿色转型》，《21 世纪经济报道》2017 年 11 月 27 日，第 10 版。

[4] 武斐婕：《构建山西资源推动型的优态经济发展模式——发挥资源型经济转型发展中的"流通促进"作用》，《第五届中国中部商业经济论坛论文集》，2011，第 393—401 页。

[5] 艾丽娅·贝根、李前：《挪威：一个转型中的国家》，《进出口经理人》2017 年第 6 期。

[6] 刘畅：《资源丰裕型国家创新发展研究——以芬兰、挪威及俄罗斯为例》，博士学位论文，辽宁大学，2016。

第六章

资源型省份贵州大数据产业培育经验及启示

闫绪娴[*]　李先军[**]

作为发展较落后地区，贵州地方政府在新兴产业发展带来的发达地区和落后地区间面临"同一化"的转型发展机遇下，利用和放大自身潜在优势，选准突破点；重视顶层设计，强化制度软保障；注重基础性和平台性建设，完善产业支撑；积极整合各种外部资源，促进大数据产业链集群发展。这为大数据产业培育提供了保障，从而实现了大数据产业从无到有并发展壮大。大数据产业已经成为贵州经济创新转型发展的引擎和旗帜，为其他地区特别是发展较落后地区推动大数据发展、加快产业转型提供了借鉴。

随着云计算、移动互联网、物联网等新一代信息技术的快速发展和广泛应用，巨量数据正在生成，利用信息计算技术对大数据进行挖掘、整合、分析，深刻改变了整个宏观经济发展环境。我国先后有广东、上海、重庆、天津、贵州、山东等地启动了地方大数据发展战

---

* 闫绪娴，山西财经大学管理科学与工程学院，教授。

** 李先军，山西转型综合改革示范区管理委员会。

略。地处我国西南内陆的资源型省份贵州省，将大数据作为"换道超车"的重要砝码，抢先布局大数据战略，并通过地方政府的创新统筹，找准了产业转型升级的精准突破口，形成了大数据产业由点及线到面的集群式发展路径，并以打造大数据产业集群为中心努力提高政府治理能力，服务民生社会事业，这不仅有力地促进了贵州新兴产业发展，改变了贵州经济社会发展格局，也为其他地区特别是发展较落后地区进行产业转型提供了良好的借鉴。

一　中国大数据产业发展现状

自 2015 年大数据正式上升为国家战略以来，各地充分发挥地理、产业、技术和政策优惠等优势积极筹建大数据产业园，有效布局大数据产业，吸引众多知名企业和机构入驻。2018 年，对于中国大数据产业而言，是一个重要的年份，标志着中国大数据产业真正进入了快速发展期。

（一）大数据相关政策陆续出台，细分领域应用加强

2016 年以来，针对大数据产业发展的政策紧密出台，国家发改委、工信部、国家林业局、农业部以及各级省市政府都相继推出了促进大数据产业发展的意见和方案，涉及产业转型、政府治理、科技攻关、产业扶持和安全保障等多个方面，产业发展环境持续优化（见表 6-1）。可以看出，大数据政策规划正逐渐向各大行业和细分应用领域延伸，大数据产业进入应用时代。同时，各地政府如贵州省、浙江省和福建省，也大力推出相关的促进条例、实施计划和新区建设计划，促进大数据应用案例的落地发展。

表 6-1 大数据政策发布一览

政策类型	政策	发布单位
产业转型与政府治理政策	智慧城市时空大数据与云平台建设技术大纲	国家测绘地理信息局
	关于深入开展"大数据+网上督察"工作的意见	公安部
	关于推进水利大数据发展的指导意见	水利部
	政务信息资源目录编制指南（试行）	国家发改委
	政务信息系统整合共享实施方案	国务院
	政务信息资源共享管理暂行办法	
	关于促进和规范健康医疗大数据应用发展的指导意见	
	运用大数据加强对市场主体服务和监管的若干意见	
	农业农村大数据试点方案	农业部
	交通运输部办公厅关于推进交通运输行业数据资源开放共享的实施意见	交通运输部
	关于加快中国林业大数据发展的指导意见	国家林业局
	关于印发促进国土资源大数据应用发展实施意见	国土资源部
	生态环境大数据建设总体方案	环境保护部
科技攻关政策	关于发布大数据驱动的管理与决策研究重大研究计划2017年度项目指南的通告	国家自然科学基金委员会
	"大数据的统计学基础与分析方法"重大项目指南	
	"云计算和大数据"重点专项2018年度项目申报指南	科技部高新司
产业扶持政策	第二批"数据科学与大数据技术专业"	教育部
	八大国家级大数据综合试验区通过审批	国家发改委、工信部、中央网信办
	国家发展改革委办公厅关于请组织申报大数据领域创新能力建设专项的通知	国家发改委
	关于组织实施促进大数据发展重大工程的通知	
	云计算综合标准化体系建设指南	工信部

政策类型	政策	发布单位
安全保障政策	公共互联网网络安全威胁监测与处置办法	工信部
	工业控制系统信息安全防护指南	
地方政策	出台首部大数据地方法规《贵州省大数据发展应用促进条例》，大力推进数据共享、安全和行业应用	贵州省
	《贵州省政务信息系统整合共享工作方案》提出，2017年12月前，形成集约统一的云上贵州数据共享交换平台	
	《贵阳市政府数据共享开放条例》，规范贵阳市政府数据共享、开放行为及其相关管理活动	
	《贵阳市政府数据资源管理办法》，进一步强化政府数据公平有序开放共享	
	发布《促进大数据发展实施计划》，从政务、公共服务、工业、农业、环境、医疗、交通和商业监测等方面推动大数据的落地应用	浙江省
	《河南省大数据产业发展引导目录》，将发展政务服务大数据和益民服务大数据作为大数据产业发展的重点任务	河南省
	《河南省推进国家大数据综合试验区建设实施方案》，提出推进政务数据中心建设、推进电子政务应用系统迁移上云、制定政务公开数据开放共享清单、建设政务数据共享交换平台、完善政务数据库、提升政务数据开放能力等多项子任务	
	《河南省政务信息系统整合共享实施方案》加快推进政务信息系统的整合共享工作	
	发布《促进大数据发展实施方案》《2017年数字福建工作要点》《福州市政务数据资源管理暂行办法》《福州市政务信息系统整合共享实施方案》等，关注数字资源开发和共享开放，从促进产业发展、科学研究和政府服务效率等角度落地大数据应用	福建省

资料来源：根据公开资料整理。

（二）各地政府加快设立大数据产业园

当前，不仅八个国家级大数据综合试验区（贵州、京津冀、辽宁、内蒙古、上海、河南、重庆、珠三角）的大数据产业快速发展，与这些试验区毗邻的省份，如安徽、湖北、四川、陕西、浙江、山东和江苏，也都加快落实大数据产业园区/基地建设，增强数字经济发展实力（见表6-2）。

表6-2 大数据产业园区/基地建设一览

序号	省份	大数据产业园区/基地
1	贵州	贵安综保区
2		贵阳大数据安全产业园
3	北京	中关村软件园
4	河北	在张家口、承德、廊坊、秦皇岛、石家庄成立的5个大数据产业基地
5	辽宁	环渤海（营口）大数据产业园
6	内蒙古	和林格尔新区大数据产业园
7		草原云谷大数据产业基地
8	上海	上海市北高新技术服务业园区
9	河南	洛阳大数据产业园
10		郑州高新区大数据产业园
11		郑州航空港经济综合试验区国际智能终端大数据产业园等18个园区
12	重庆	仙桃数据谷
13	福建	东南大数据产业园
14		厦门软件园
15		厦门国家健康医疗大数据中心与产业园
16	湖南	国家级地理空间大数据产业基地
17		东江湖大数据产业园
18		湖南云龙大数据产业园

序号	省份	大数据产业园
19	广东	广州开发区大数据产业园
20		中山美居智能制造大数据产业园
21		广东大数据产业园
22		肇庆大数据云服务产业园
23		深汕特别合作区大数据产业园
24		云浮市云计算大数据产业园
25		广东省健康医疗大数据产业园
26		江门市"数谷"省级大数据产业园
27	湖北	光谷云村、左岭大数据产业园
28	安徽	中国合肥健康医疗大数据中心暨大健康产业园
29	山东	济南高新区、青岛西海高新区、济宁高新区
30	江苏	南京大数据产业基地
31		苏州高铁新城大数据产业园
32		南通大数据产业园区
33		常州国家健康医疗大数据中心与产业园
34	浙江	乌镇大数据高新技术产业园区
35	四川	崇州大数据产业园
36		成都国家健康医疗大数据中心及产业园试点
37	陕西	高新区云计算和大数据技术创新与服务示范园区
38		西咸新区沣西新城新型工业化（大数据）产业基地

资料来源：根据公开资料整理。

多数大数据产业园区的发展思路是基础设施建设—数据汇集整合开放共享，企业上云—大数据融合应用—大数据产业链延伸，即首先集聚数据资源，而后通过落地开放共享，协同带动应用开发，最终实现产业链的拓展和完善。实证表明，大数据产业园发展水平与所在城市的经济水平和信息技术发展水平直接相关。

（三）中国大数据产业持续增长，国内业务占主导

随着中国经济进入新常态，智慧城市、数字经济、新旧动能转换、转型升级等概念持续引领大数据产业发展，加速技术革新和应用拓展。中国信通院的《中国大数据发展调查报告（2018）》显示，中国大数据产业总体规模从 2015 年的 2800 亿元增长到 2017 年的 4700亿元，预计 2020 年总体产业规模将突破 10000 亿元（见图 6-1）。工信部的《2018 年中国大数据产业发展白皮书》显示，从 2017 年受访企业来看，大数据企业非常注重研发，研发人员比例的均值不低于60%，企业的营收额多集中于 1000 万—2000 万元和 1 亿—2 亿元这两个量级。其中，1000 万—2000 万元这一区间的企业多为成立 3—5 年的小型企业，这些企业的产品和服务很多尚处于持续开发迭代中；1亿—2 亿元这一区间的企业则大多成立 10 年以上，其产品体系相对成熟，更多地关注大规模的市场开拓。这些企业的市场多在国内，且集中于华北、华东和华南三大地区。

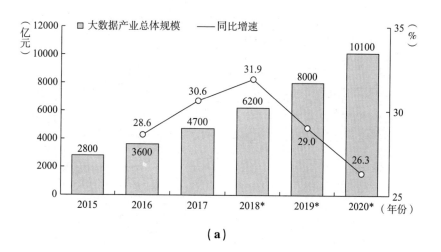

（a）

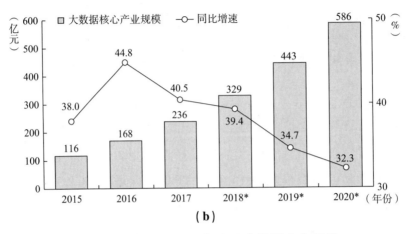

（b）

图 6 - 1 2015—2020 年中国大数据产业规模

资料来源：中国信通院《中国大数据发展调查报告（2018）》。

（四）大数据产业链完整，大数据产业生态地图初步形成

基础支撑、数据服务和融合应用相互交融，协力构建了完整的大数据产业链（见图 6 - 2）。基础支撑是整个大数据产业的引擎和核心，它涵盖了网络、存储和计算等基础设施，资源管理平台以及各类与数

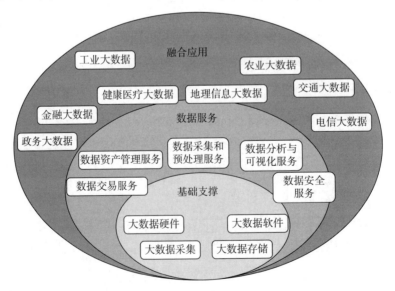

图 6 - 2 大数据产业链

据采集、预处理、分析和展示相关的方法和工具。从数据流动的角度来看，除去硬件设施和资源管理平台，大数据架构可以理解为：前端的数据采集，中端的流处理、批处理、即时查询和数据挖掘等服务，以及末端的数据可视化服务。数据服务层则围绕各类应用和市场需求，提供辅助性的服务，包括数据交易、数据资产管理、数据采集与预处理、数据安全等服务。融合应用层包含了与政务、工业、农业、金融、交通和电信等行业紧密相关的应用软件和整体解决方案。

目前，中国大数据产业生态地图基本形成，详见表6-3。

表6-3 大数据产业链各环节典型企业 Top5

产业链		1	2	3	4	5
融合应用	工业大数据	航天云网科技发展有限责任公司	昆仑智汇数据科技（北京)有限公司	北京东方国信科技股份有限公司	上海宝信软件股份有限公司	西安美林数据技术股份有限公司
	健康医疗大数据	东软集团股份有限公司	微医集团（浙江)有限公司	互动峰科技（北京)有限公司	浙江迪安诊断技术股份有限公司	贵阳朗玛信息技术股份有限公司
	政务大数据	用友网络科技股份有限公司	太极计算机股份有限公司	北京人大金仓信息技术股份有限公司	北京华胜天成科技股份有限公司	北京久其软件股份有限公司
	交通大数据	中国民航信息网络股份有限公司	亿阳信通股份有限公司	北京世纪高通科技有限公司	北京千方科技股份有限公司	厦门卫星定位应用股份有限公司
	农业大数据	袁隆平农业高科技股份有限公司	西安韦德沃德航空科技有限公司	无锡卓感科技有限公司	湖北新洋丰肥业股份有限公司	北京农信互联科技有限公司
	金融大数据	蚂蚁金融服务集团	深圳前海微众银行股份有限公司	京东金融集团有限公司	北京中科金财科技股份有限公司	深圳市金证科技股份有限公司

产业链		1	2	3	4	5
融合应用	电信大数据	北京思特奇信息技术股份有限公司	北京荣之联科技股份有限公司	上海天玑科技股份有限公司	北京东方国信科技股份有限公司	深圳天源迪科信息技术股份有限公司
	教育大数据	广州视睿电子科技有限公司	武汉天喻信息产业股份有限公司	广东三盟科技股份有限公司	江苏金智教育信息股份有限公司	北京领航辉盛教育科技有限公司
	旅游大数据	携程旅游网络技术（上海）有限公司	北京凯撒国际旅行社有限责任公司	北京中长石基信息技术股份有限公司	上海棕榈电脑系统有限公司	贵州大数据旅游产业股份有限公司
	能源大数据	北京荣之联科技股份有限公司	远光软件股份有限公司	石化盈科信息技术有限责任公司	北京中油瑞飞信息技术有限责任公司	西安美林数据技术股份有限公司
	社交大数据	北京字节跳动科技有限公司	北京五八信息技术有限公司	上海点客信息技术股份有限公司	有米科技股份有限公司	北京品友互动信息技术股份有限公司
	安防大数据	杭州海康威视数字技术股份有限公司	浙江大华技术股份有限公司	安徽四创电子股份有限公司	北京易华录信息技术股份有限公司	深圳天源迪科信息技术股份有限公司
	军工大数据	北京海兰信数据科技股份有限公司	北京东土科技股份有限公司	北京人大金仓信息技术股份有限公司	安徽四创电子股份有限公司	国睿科技股份有限公司
	地理信息大数据	高德信息技术有限公司	北京四维图新科技股份有限公司	北京超图软件股份有限公司	北京合众思壮科技股份有限公司	深圳市凯立德科技股份有限公司

产业链		1	2	3	4	5
融合应用	安全大数据	奇虎360科技有限公司	启明星辰信息技术集团股份有限公司	北京神州绿盟信息安全科技股份有限公司	厦门市美亚柏科信息股份有限公司	北京明朝万达科技股份有限公司
	营销大数据	北京新意互动广告有限公司	华尚传媒股份有限公司	有米科技股份有限公司	北京星空合众科技有限公司	星图大数据（深圳）有限公司
	税务大数据	航天信息股份有限公司	济南东港安全印务有限公司	税友软件集团股份有限公司	神州数码信息服务股份有限公司	北京明略软件系统有限公司
数据服务	数据交易	上海数据交易中心有限公司	九次方大数据信息集团有限公司	武汉东湖大数据交易中心股份有限公司	国信优易数据有限公司	数据堂（北京）科技股份有限公司
	数据可视化	北京吉祥海云数据科技有限公司	苏州国云数据科技有限公司	北京数字冰电信息技术有限公司	北京博雅立方科技有限公司	北京永洪商智科技有限公司
	数据分析	北京国双科技有限公司	中昌大数据股份有限公司	昆仑智汇数据科技（北京)有限公司	帆软软件有限公司	北京智慧星光信息技术有限公司
	数据预处理	北京九章云极科技有限公司	北京百分点信息科技有限公司	北京品友互动信息技术股份公司	北京托尔思信息技术股份有限公司	华院数据技术（上海）有限公司
基础支撑	数据存储	紫光国芯股份有限公司	上海天玑科技股份有限公司	北京同有飞骥科技股份有限公司	星辰天合（北京）数据科技有限公司	上海德拓信息技术股份有限公司
	数据采集	北京托尔思信息技术股份有限公司	数据堂（北京）科技股份有限公司	北京腾云天下科技有限公司	上海蜜度信息技术有限公司	翱旗创业（北京）科技有限公司

二 资源型省份贵州大数据产业发展经验分析

在我国经济版图中，贵州一直是西部发展较为落后的省份。2013年，贵州 GDP 为 8006.80 亿元，排全国倒数第六位，分别是新疆和云南 GDP 的 95.8% 和 65.3%，而到了 2016 年，贵州 GDP 达到 11743.43 亿元，已经超越新疆，为云南 GDP 的 79.0%。近些年贵州经济增速一直位居全国前列，GDP 年均增长超过 10%，进出口总额年均增长 31.3%，实际利用外资年均增长 49.3%。2016 年，贵州经济同比增长 10.5%，仅次于重庆的 10.7%，排全国第二位。贵州走出了一条不同于东部地区和西部其他省份的落后地区转型发展和跨越发展的新路。

在贵州经济快速崛起过程中，大数据产业发展尤为引人关注。贵州抓住新兴的大数据产业发展契机，在全国抢先布局大数据战略，并通过地方政府的有为市场创造，充分利用和协同内外部相关资源，构建大数据发展产业生态集群，促使贵州包括大数据在内的电子信息产业发展进入快车道，据统计，2012 年到 2015 年，贵州大数据电子信息产业规模从 450.9 亿元扩大到 2011.5 亿元，年均增长率高达 64.6%。2017 年年底，贵州大数据电子信息制造业规模以上工业增加值增长 85.9%，软件和信息服务业收入增长 36.2%，电信业务总量和收入增速均位列全国第一，电子信息制造业对工业增长贡献率达到 14.9%，拉动工业增长 1.4 个百分点，仅次于白酒和电力，成为贵州工业第三大增长点；大数据企业的营收增速超过 30%，苹果、高通等全球前十互联网企业有 7 家落户贵州，25 家世界级或国内 500 强企业落户贵州。贵州成为大数据企业在中国创新创业的首选地，通过五年的发展，贵州大数据相关企业从 2013 年不足 1000 家增长到了 2018 年的 8900 家，大数据产业规模总量超 1100 亿元[1]，2017 年贵州数字经济增速为 37.2% ，位列全国第一。当前，大数据产业已经成为贵州经济跨越式发展与创新转型发展的一面旗帜。

纵观贵州省大数据产业发展历程，可以发现贵州省政府积极利用和放大自身潜在优势，选准突破点；重视顶层设计，强化制度软保障；注重基础性和平台性建设，完善产业支撑；积极整合各种外部资源，促进大数据产业链集群发展。这为大数据产业培育提供了保障，从而实现了大数据产业从无到有并发展壮大。

（一）利用和放大自身潜在优势，选准突破点

1. 贵州自然条件具备发展大数据产业优势

各种数据的安全存储是大数据产业链条中的基础性前提，因此数据中心的建设成为不可或缺的工作。而数据中心具有内部设备复杂、散热量大、保障性要求高等特点。根据《中国数据中心能耗现状白皮书》统计，2015 年我国数据中心的电耗达 1000 亿度，年耗电量占全社会用电量的 1.5% 以上，电力成本约占运营总成本的 40% ，大型数据中心由于设备庞杂耗电比例会更高。相对而言，在商业用电价格较贵且土地成本高涨的京沪等大城市建设相关的数据中心并不是最佳选择。

而贵州省具有服务器存放和数据存储得天独厚的自身优势。第一，贵州的自然条件适宜，全年气温适中，微风温和宜人，空气质量优良，这可以大大降低大数据中心机房的降温和除尘成本。第二，贵州地质结构稳定，地质灾害较少，在一定程度上可以保证数据安全，保证企业远离大规模地质灾害潜发地区，减少遭受不可控因素带来巨额损失的可能性。第三，低成本的电价优势：贵州水电、煤炭资源丰富，不仅能提供稳定可靠的电力，而且工业用电价格低于平均水平大大降低了大数据相关产业数据中心的营运成本。[2]

依托适宜的气温、稳定的地质、丰富的水电资源，贵州省积极发挥其所具备的生态、能源等比较优势，从产业附加值较低的基础性的数据存储入手，并以此作为突破点，实现了从潜在优势向实际优势的显性化过渡，进而获得了巨大的先行优势。

2. 贵州产业基础具备发展大数据产业优势

发展大数据产业，贵州拥有自己的产业基础优势。一是配套产业基础扎实。经过多年的建设和发展，贵州以 011、061、083 三大军工基地为核心，形成了航空、航天、电子三大产业体系，电子信息产业链发展完备。二是信息基础设施完善。目前贵州的出省带宽达到 6530Gbps，固定网络平均接入能力达到 200Mbps 以上，并具备 1000 Mbps 的接入能力，4G 网络覆盖全省行政村，随着贵阳·贵安国家级互联网骨干直联点建成开通，贵州跻身中国 13 大互联网顶层节点，具备优质带宽和网速。三是产业布局互补共进。随着三大通信运营商、华为、苹果等数据中心的建成，贵安新区的数据中心产业正在形成；以综合保税区、高新区、经济开发区、中关村贵阳科技园为载体，贵阳以应用为重点的大数据全产业链逐步建成；遵义新蒲高科技产业园正在开启贵州电子信息制造业的新征程；此外，六盘水、安顺、毕节等地根据各自的需求开展相应的大数据平台、大数据应用产业园区建设，全省各地正在形成大数据产业竞相发展的局面。[3]

（二）重视顶层设计，强化制度软保障

大数据作为新兴产业，是需要政府支持、政策先行的产业，地方政府的重视以及自上而下推动的创新是贵州大数据产业领先全国的最主要因素。根据数据中心联盟的报告，到 2017 年 1 月底，全国共有 37 个省、市专门出台大数据的发展规划或类似文件，但贵州省是第一个将大数据发展上升为省级战略的地区。2014 年，我国大数据产业刚

刚兴起，此时与其他经济发展相对发达的地区同处起步阶段的贵州省便抓住后发赶超的时机，先后出台了《关于加快大数据产业发展应用若干政策的意见》《贵州省大数据产业发展应用规划纲要（2014—2020年）》等，先跑先赢。近五年来，大数据产业已经上升到贵阳市乃至贵州省经济转型的重要支撑，得到了全省的重点关注并从贵安新区、贵阳市以及贵州省三个层面强化相关制度保障以发展大数据产业，形成以点带面、相互促进和支撑的良性发展局面。

在贵安新区层面，2014年国务院批复设立的贵安新区电子信息产业园，吸引三大通信运营商、华为、腾讯、富士康等企业建设数据中心，以此为重要依托建成电子信息产业园大数据基地，并在2015年发布《贵安新区推进大数据产业发展三年计划（2015—2017）》。

在贵阳市层面，2014年为指导贵阳市大数据发展发布了《贵阳大数据产业行动计划》，设定依托中关村贵阳科技园和贵安新区大数据基地建设国家大数据创新示范区的目标；《贵阳市政府数据共享开放条例》于2017年5月施行，为政府数据共享开放提供了首个法规依据。

在贵州省层面，2016年贵州省成为首个获批的国家级大数据综合试验区，发布首个省级大数据法规《贵州省大数据发展应用促进条例》，并针对大数据发展中出现的数据规范不统一等问题，出台国家统计局批准实施的《贵州省大数据产业统计报表制度》。2017年2月贵州省成立了大数据发展管理局来统筹和协调大数据产业发展，保障大数据决策工作的贯彻执行，并以全省之力推动其发展。

截至目前，贵阳在大数据方面已经获批多个"中国首个"：全国首个国家级大数据集聚发展试点示范区——贵阳·贵安大数据产业发展集聚区，全国首个国家大数据工程实验室——提升政府治理能力大数据应用技术国家工程实验室，国家首个大数据产业技术创新试验区——贵阳大数据产业技术创新试验区，全国首个大数据战略重点实验室，首批大数据发展水平五星级城市，全国首个"大数据及网络安全示范试点城市"，全球·全国首家大数据交易所——贵阳大数据交易所等。

（三）注重基础性和平台性建设，完善产业支撑

在国家战略和地方政策的推动下，中国大数据发展具有良好的政策环境，贵州紧紧抓住发展的重要机遇，从基础设施建设和平台建设等硬件入手，同时多方面完善涵盖大数据共享、存储、交易以及应用的整个大数据产业链。

贵州在发展大数据产业之初，便开始同步建设电子政务、智能交通、智慧物流、智慧旅游、工业、电子商务、食品安全等"七朵云"。2014年10月17日，"云上贵州"系统平台正式上线，贵州成为全国第一个建成省级政府数据共享平台的省份。如今，"云上贵州"平台上运行的"七朵云"，为群众和企业提供了更加精准化和个性化的服务。随着国家大数据（贵州）综合试验区的建设和发展，贵州将拥有国内一流的数据资源中心，必将吸引一批与数据中心关联的数据加工、数据交易、数据安全等企业，同时衍生出涵盖金融、教育、医疗、旅游、家居、公共服务等多个应用领域的企业，形成集聚效应。

贵安新区以"贵安云谷"为载体，全面推进园区综合信息设施管网及大容量光纤骨干网建设。贵阳市大力推动一些大数据相关产业特别是初期的存储产业的基础设施等硬件发展，如贵阳将互联网出省带宽从2013年的450G增加到2016年年底的4580G。

在大数据开放和共享方面，贵州省提出并践行"块数据"理论，率先开放政府数据，为了消除行业分散带来的"信息孤岛"，强化开放共享和跨界融合，全国首个省级政府企业数据统筹交换共享平

台——"云上贵州"于 2014 年上线。另外，贵阳市区逐渐实现公共场所免费 Wi-Fi 全覆盖，为推动社会企业和个人动态数据资源的聚集整合打下基础。贵州作为全国"互联网＋政务服务"试点示范省份，截至 2017 年年底，其网上办事大厅已覆盖省市县 3796 个审批服务部门、1536 个乡镇 1.7 万余个村居，50 余万政务服务事项集中在网上办事大厅公开办理。《省级政府网上政务服务能力调查评估报告（2018）》显示，贵州省网上政务服务能力排名全国第三。

此外，为了弥补贵州大数据相关技术人才短缺，2015 年贵阳市与北京市科委共建大数据战略重点实验室，打造以此为支撑的大数据技术创新平台。2015 年中国首个大数据交易所在贵阳正式挂牌，大数据交易平台正稳步发展。2015 年 9 月贵阳市开放交通数据，建立交通大数据孵化器，打造贵阳交通大数据产业创业孵化平台。2016 年 5 月建设了融合大数据技术公共开发与实验、大数据技术培训和大数据技术孵化的"三位一体"平台——贵阳大数据创新产业（技术）发展中心。一系列基础性和平台性项目相继建成，有力地支撑了贵州大数据产业的发展。同时，贵州与国家统计局签订协议，依托贵州财经大学建设大数据统计学院；与阿里巴巴、华为等联合办学，组建大数据学院，贵州理工大学阿里巴巴学院 2017 年首期招生 300 人，贵州电子信息技术职业学院华为大数据学院首期招生 1000 人，在清华大学开办的大数据研究生贵州班首期招生 30 人。[1]

以大数据为媒，贵阳市从 2015 年起连续举办数博会，会聚全球大数据业内精英，展示最前沿的大数据创新成果，吸引有强大实力的大数据知名企业，为贵阳发展大数据积累了丰富的资源要素，2017 年数博会成功升格为中国国际大数据产业博览会，成为与德国 CeBIT 展、美国 GSMA 展等同等水平的国际顶级大数据专业展会，与乌镇世界互联网大会相呼应，错位发展，形成"东有乌镇互联网大会、西有贵阳数博会"的格局。2018 年数博会期间，全省成功签约项目 199 个，金额 352.8 亿元，参会观展人数超过 12 万，国内外参展企业和机构达 388 家，布展面积 6 万平方米。

（四） 积极整合各种外部资源，促进大数据产业链集群发展

大数据产业属于信息服务业，其整体作为第三产业属于附加值较高的产业，但在其产业链中不同节点附加值也有所不同。大数据产业是一个涵盖众多链条的产业体系，而由于自身产业和人才限制，贵州大数据产业在交易和应用等方面存在较为严重的短板。因此贵州积极利用和整合相关外部资源，并依托其大数据的先发优势，积极创造条件与国内外相关企业进行通力合作，共同做大做强大数据产业，共享其市场收益。

贵州利用政策和基础优势吸引我国三大通信运营商、高通、富士康、泰豪等通信技术企业以及阿里巴巴和京东等互联网企业入驻，建立贵州馆电子商务集群，依托企业知名度举办"云上贵州"。大数据国际年会、大数据产业峰会以及国际贵阳大数据产业博览会等重大活动为贵州大数据造势，使单纯数据服务器的存储向大数据产业链条两端发展。随着这些企业项目的落地实施，与大数据相关的新产品、新业态、新模式不断涌现，涵盖了数据存储、加工、安全等核心业态，高端产品制造、软件开发、信息技术服务等关联业态，服务外包、电子商务、智慧农业、智慧旅游、大数据金融等衍生业态，初步形成了大数据产业链条。

总之，从完善产业基础设施、积累大数据储存体量，到吸引优质企业入驻、不断推出大数据应用项目，再到建立中国首个大数据交易所，贵州一步一步围绕建设国家级大数据综合试验区培育大数据核心业态、关联业态、延伸业态，深入挖掘大数据商用、政用、民用价

值，促进了大数据产业链在贵州的全面发展，形成了较完整的大数据产业体系。

三　地方政府超前布局大数据产业带来的启示

（一）地方政府顶层设计至关重要

在我国经济由传统的要素投入驱动转向更多依靠技术创新驱动为特征的新常态后，一些新产业和新模式使得我国发达地区和落后地区间面临"同一化"的转型发展机遇[4][5]，对于落后地区而言，这更是难能可贵的赶超契机。在新兴产业发展上，落后地区应该依托地方政府的顶层设计，政府主导和社会参与齐头并进，抢占新兴产业发展先机，从而减轻或消除不利于欠发达地区发展的循环累积因果关系。

对于国内各地区和相关企业而言，大数据及相关产业是刚刚开始兴起而未来具有巨大发展空间的新兴产业，贵州地方政府紧紧抓住了这个难得的历史机遇，充分利用自身地质结构优良、气候适宜以及供电成本较低等优势，把发展大数据存储的潜在优势变成了实际的产业优势。贵州将大数据列为"十三五"重大战略之一，省委、省政府领导经常亲自为大数据招商"站台"解决发展难题。大数据产业在贵安新区乃至贵阳甚至贵州全省都受到不同寻常的"优待"，政府对推进大数据产业发展的群体奋进意识甚至超越了企业。贵州大数据产业的启航，正是政府这只"看得见的手"顺应时代潮流开展的一场自上而下的尝试。

（二）自上而下用好先行先试政策

经济新常态背景下，各级地方政府都应顺应国家区域发展战略的演变，努力用好"先行先试"政策而非被动等待。

面对产能过剩、传统支柱产业动能不足、生态环境脆弱、连片特困地区等诸多问题，贵州瞄准大数据新兴产业，积极发挥其所具备的生态、地质、能源以及信息基础设施较好等比较优势，从产业附加值较低的基础性的数据存储入手，实现了从潜在优势向实际优势的显性化过渡，进而获得了巨大的先行优势，充当了全国大数据发展的先行者和探路者。

一是建设国家级综合试验区。2016 年 2 月，贵州获批国家大数据（贵州）综合试验区，出台了《关于实施大数据战略行动建设国家大数据综合试验区的意见》等 1 + 8 系列文件，在大数据制度创新、数据资源共享开放、数据中心整合利用、大数据创新应用、大数据产业集聚、数据要素流通及国际合作等七个方面开展系统性试验。二是建成全国大数据内容中心、大数据服务中心、大数据金融中心、大数据创新中心和大数据产业集聚发展示范区、政府治理大数据应用示范区、大数据惠民便民示范区、大数据体制机制示范区等"四区四中心"。三是逐步构建了大数据全产业链、全治理链、全服务链，在全国大数据发展方面发挥了示范引领和辐射带动效应。[5]

贵州把大数据产业应用与贵州自身经济和社会发展特征紧密结合起来，大数据与扶贫、大数据与旅游、大数据与公共交通、大数据与政府高效监管的广泛应用使得大数据成为促进整个贵州经济和社会转型发展以及创新发展的引擎，同时发挥为国家大数据产业及社会应用进行先行先试的示范作用，更好地获得国家的政策支持，进而形成一个产业发展和制度支撑互促互利的良性循环。

（三）协同内外部资源，培育共赢的生态体系

当前，以大数据为主导的信息化浪潮正成为全球范围内的一场新的技术革命，掌握和运用大数据的能力日益成为地区经济竞争力的重要表现，数据已逐渐发展成为国家现代化治理体系的基础性战略资源，在推动经济转型升级方面具有关键作用。国家对大数据及相关产业发展的重视程度也日益提升，出台了一系列针对地方政府或相关企业的优惠举措；各级地方政府也会采取土地优惠、财政补贴、税收优惠等措施竞相发展这些新兴产业，因此各级地方政府在产业发展上面临激烈的竞争。对于落后地区而言，即使抓住先行先试机遇，如果不加快培育产业生态，不能迅速提升自身核心竞争力，最终也会失去这个优势。

贵州紧紧抓住相对国内其他区域大数据产业领先两三年的有利契机，以首个国家级大数据综合试验区以及首个大数据交易所为依托，吸引高通、惠普、微软、阿里巴巴、腾讯、京东等一批国内外知名企业入驻贵阳，同时货车帮、朗玛等一批本土企业也借助贵州平台快速成长，贵州大数据发展的品牌优势和特色优势日益增强，形成良性循环，吸引了越来越多的相关企业进入贵州。

此外，贵州不单单把大数据作为一个新兴产业选择来发展，而是协同内外部资源，培育一个共赢的生态体系，从而进一步强化了先行优势。[4][6]贵州围绕数据的采集、存储、管理和挖掘，为全社会的数据应用提供数据资源、产品工具和应用服务，将大数据产业与三次产业进行融合，逐步形成大数据的"产业生态圈"，使大数据产业成长为贵州工业经济的第三大增长点。同时，大数据产业通过对技术流、人才流、资金流、物资流的引导，推动产业的融合，实现产业的层级提升。从中也可以看出，贵州产业的转型升级正是数据推动转型升级的实践证明。贵州大胆地将大数据、云计算、"互联网＋"等新技术运用到三次产业的升级改造之中，实施工业千企改造、智慧旅游、农业产业革命等大数据创新工程，以创新的技术为引领，推动着三次产业的全面转型升级。

参考文献

[1] 中国领导决策信息中心：《中国大数据产业发展比较报告》，《领导决策信息》 2018 年第 21 期。

[2] 王婷：《贵州发展大数据产业的比较优势研究》，硕士学位论文，贵州财经大 学，2016。

[3] 张璐瑶、王爱华：《贵州大数据产业发展现状分析》，《贵州大学学报》（自然科 学版）2018 年第 6 期。

[4] 薄文广、吴承坤、张琪：《贵州大数据产业发展经验及启示》，《中国国情国力》 2017 年第 12 期。

[5] 薛宏斌等：《贵州推动大数据发展引发的思考》，延安市人民政府研究室，ht- tp://yjs. yanan. gov. cn/html/yjcg/yjcgs/201809/763. html，最后访问日期：2019 年 5 月 8 日。

[6] 薄文广、张琪、刘仪梅：《贵州大数据产业发展经验分析及对山西的借鉴》， 《环渤海经济瞭望》2017 年第 11 期。

第七章

山西孝义资源型经济转型历程及主要经验

张晋楠[*] 陈国伟[**] 郭淑芬[***] 阎 晓[****]

在漫长的资源型经济转型历程中，尽管山西省转型步伐缓慢、经济增长动力单一等问题并未从根本上得到解决，但仍有部分领域或地区的转型工作初见成效，这些领域或地区的转型经验若能推广至全省，对推进山西资源型经济转型具有重大意义。其中孝义市就是典型代表。通过引进先进技术延伸产业链条，大力培育具有地方特色的新兴产业，深化放管服改革，优化营商环境，合理规划城市空间布局，集中力量治理生态环境并使生态产业化发展，孝义市产业体系更加多元、民营经济活力逐步提高、城市功能逐渐完善、生态环境日益改善。对孝义转型经验进行梳理，并总结资源型地区深化转型的一般路径，对于推进山西资源型经济转型具有一定的启发意义。

以煤炭开采加工为主导的产业一直是孝义市经济的重要支撑，但

　* 张晋楠，山西财经大学资源型经济转型发展研究院，硕士研究生。
　** 陈国伟，山西省政府发展研究中心产业处，处长。
　*** 郭淑芬，山西财经大学资源型经济转型发展研究院，院长、教授、博士生导师。
**** 阎 晓，博士，山西财经大学资源型经济转型发展研究院，讲师、硕士生导师。

"一业独大"的产业发展模式使得资源环境不堪重负，引发一系列突出矛盾和问题，严重影响着孝义市经济社会可持续发展，2009年孝义市被国家认定为资源枯竭型城市。近些年来，孝义市积极探索资源型经济转型发展之路，引进先进技术延伸产业链条，大力培育新兴产业，集中力量治理生态环境，深化放管服改革，优化营商环境，使得转型跨越发展迈上了新台阶，2013年国务院正式发布的《全国资源型城市可持续发展规划（2013—2020年)》中，将孝义市确定为资源再生型城市，也是山西省唯一的资源再生型城市。资源枯竭型城市向资源再生型城市的转变是孝义市转型工作取得的重大突破，因此本课题选取孝义市作为研究对象，并运用实地调研等方法，深入探求孝义市经济转型历程、转型成效及做法，并梳理其经验，从而为山西及其他资源型地区转型提供借鉴。

一　孝义基本概况

孝义市是山西省吕梁市的一个资源型县级市，位于山西中部地区，西靠吕梁山脉，东接太原盆地，处于太原经济圈节点，与汾阳、介休共同构成太原经济圈次中心。市域面积945.8平方公里，总人口47.5万人（2017），辖7个镇5个乡5个街道办事处，共379个行政村50个社区。孝义市煤、铝等矿藏资源储量丰富，其中煤炭探明储量90亿吨，是全国首批50个重点产煤县（市）之一；铝矿探明储量2.6亿吨，约占山西储量的44%、全国总储量的16%。

从2007年开始，孝义凭借雄厚的煤焦产业连续9年跻身全国百强县名单。近年来，孝义市主动转型，创新发展，持续深化改革的发展后劲，从2012年开始连续5年位列全省县域经济发展考核评价A类县（市）第一，在2018年发布的最新全国综合实力百强县名单中，孝义市排第 79 位，体现出山西省县域经济排头兵的实力。此外，孝义市还是国家园林城市、国家卫生城市、全国文化先进市、全国生态文明先进市、全国绿化模范市、山西省文明和谐城市、山西省环保模范城市、山西省历史文化名城、山西省宜居城市、山西省 22 个扩权强县试点县（市）之一。这些成果表明孝义市在全省转型的道路上居于领先地位。

二　孝义经济转型发展历程

孝义市经济的成就并非一朝一夕取得的，而是经历了漫长的探索期。根据收集到的资料以及调查结果，调研小组将孝义市经济转型发展历程分为四个主要时期：资源依赖期、资源枯竭期、转型跨越期、资源再生期。尽管这四个时期之间会有交叉，但是孝义市不同时期的经济发展方式还是存在很大的差异。

（一）资源依赖期（80 年代至 90 年代）：资源优势变经济优势

孝义市矿产资源丰富、品种较多，煤炭探明储量 90 亿吨；铝矿探明储量 2.6 亿吨，储量约占全国的 16%、山西的 44%。立足于资源优势，煤炭加工成为该阶段全市经济的支柱，以煤为纲带动各产业迅速发展。特别是十一届三中全会以后，农村采矿政策放宽，又逢国家"六五"期间加强山西能源重化工基地建设，有力促进了孝义煤炭工业的发展。1983 年建成全县第一座年入洗原煤 15 万吨的小型洗煤厂，开启了孝义地方煤炭加工的历史。截至 1985 年，全县已创办各类煤矿 130 多个，产煤 240.77 万吨。到 1994 年，全市 420 多家洗煤焦化厂生产一级冶金焦 322 万吨、精煤 721.5 万吨，洗煤、焦化产值达 14 亿元，是当年原煤开采工业产值的 5.6 倍，占到工业总产值的 83.3%，煤焦化成为这个时期全市第一大经济支柱。

（二）资源枯竭期（90 年代中后期至 21 世纪初）：资源产业萎缩，替代产业尚未形成

凭借资源优势，孝义市多年来经济发展靠吃"资源"饭，一时间洗煤厂和焦化厂蜂拥而起，经济发展急功近利，忽略了产业结构调整，导致产业结构单一。煤焦走俏时一哄而起，劣质煤焦也当优质煤焦卖；疲软时产品积压、亏损赔本。特别是 1998 年以来，煤焦市场日益疲软，焦炭、铝矾土出口受阻，价格下滑，国家实行严厉的宏观调控措施，原煤关井压产，落后焦炉全面取缔，受主导产业结构限制，孝义市单纯依赖资源发展经济的优势消失。1999 年上半年，全市工业十种主要产品产量，除发电量外全面回落，原煤减产 42.6%、精煤减产 45.8%，各项经济指标难以过半，呈负增长状态，地区生产总值比去年同期下降 8.3%，经济发展后劲严重不足，全市近 260 对矿井、300 多个洗煤焦化厂维持生产的不足 1/3，大部分处于停产或破产状态。这段时期的突出表现为：随着资源枯竭，产业效益下降；产业结构单一，资源产业萎缩，替代产业尚未形成；经济总量不足，地方财力薄弱；大量职工收入低于全国城市居民平均水平，孝义市经济发展陷入困境期。2009 年孝义市被列入国家第二批资源枯竭型城市名单。

（三）转型跨越期（2008 年至 2013 年）：抓住机遇，深化转型

2008 年，孝义市启动资源型城市经济转型战略，彻底关闭规模小、技术低、产能小的煤矿，推进现有矿井机械化升级改造和安全技术改造。2011 年孝义市被确定为省级转型综改试点市以来，市委、市政府紧紧抓住这一难得的历史机遇，深化转型综改试验区建设，提出做好"背靠吕梁山、融入太原圈、面向环渤海"三篇文章，强力推进新兴工业化、特色城镇化、农业产业化、市域生态化"四化"建设，积极优化营商环境，在经济转型方面取得了突出的成效。特别是在2011—2013 年，孝义市先后共获得国家级、省级荣誉 30 多项（见图 7-1、图 7-2），在全国县域经济百强榜中连续 6 年进位赶超，2012年排第 65 位，在全省县域考核评价中位居榜首。

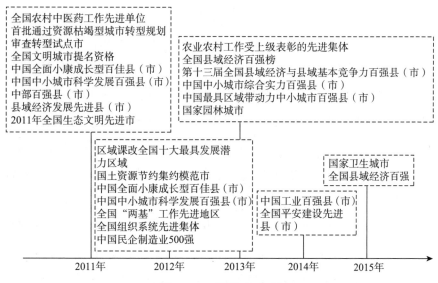

图 7-1　国家级荣誉

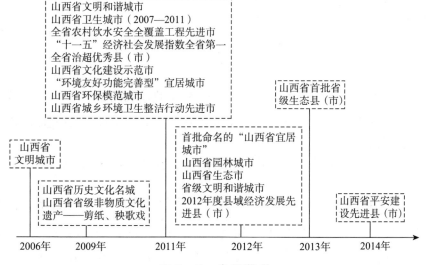

图 7-2　省级荣誉

（四）资源再生期（2013年至今）：多元发展，活力再现

几年间，孝义市探索出一条资源型城市赶超先进、后来居上的跨越发展道路，在山西省119个县市区中脱颖而出。2013年11月在国务院印发的《全国资源型城市可持续发展规划（2013—2020年)》中，孝义市被确定为资源再生型城市。目前孝义市经济社会发展活力再现。①以煤为基，多元发展。王老吉、鹏飞LNG联产甲醇、一果核桃深加工等奠定孝义发展基石的项目相继启动建设或投产达效[1]；以"一区五园"为依托，深化供给侧结构性改革；"2+3"产业转型取得新突破，产业转型升级正逐步走上科技引领、清洁高效、多元支撑之路；积极招商引资，沃尔玛、肯德基、麦当劳、美特好、红星美凯龙等国际国内知名品牌集聚孝义。②产城融合，宜居宜业。依托新型煤化工工业园区，梧桐镇、下栅乡实现了"两化互动、两区共建"的新型社区、产业园区联动发展模式；依托胜溪现代农业示范园区，启动实施了胜溪新村示范工程，胜溪湖森林公园、孝河国家湿地公园、曹溪河生态旅游区等综合项目的实施，基本形成"一河两岸，沿河环湖"的滨河城市格局。

三　孝义转型发展的主要经验

孝义市被认定为资源再生型城市，标志着孝义市的转型工作取得了阶段性的成效。截至目前，孝义市推进转型发展的主要做法概括如下。

（一）加快构建"2+3"产业格局，全力聚焦产业转型升级

2015年以来，孝义市在不断发展和升级铝系产业、煤焦化产业两大传统产业的同时，根据全市要素禀赋，积极培育农产品加工业、现代服务业、新兴科技产业等三大新兴产业，加快构建两大传统产业加

三大新兴产业的"2+3"多元产业新格局(见图7-3)。

1. 推进两大传统产业延伸与升级

经过多年的探索和尝试,孝义市结合自身实际情况,在传统产业转型升级方面走出了一条行之有效的"孝义之路"。一是走工业园区化生产道路。[2] 在铝系产业方面,孝义市于2012年设立孝义铝系新材料产业园区,并以信发、兴安两大龙头企业加奥凯达、田园化工、泰兴、华庆四小企业的"两大四小"氧化铝企业为支撑,打造了一个集中度高、关联度大、集聚效益好的铝系产业基地;在煤焦化产业方面,孝义市设立了孝义煤化工循环经济园区——全省四大焦化集中发展区之一——依托金达、鹏飞、东义等传统煤焦企业,打造了一个科技含量高、市场竞争力强的现代化煤化工循环经济产业园。二是打造循环经济产业链。在铝系产业方面,孝义市积极拓展"煤—电—铝—铝系深加工"的产业链,加快实现由单一氧化铝产业向电解铝、高端铝系装备、铝电循环的延伸发展,推动孝义市由铝土资源优势向铝系产业优势转变;在煤焦化方面,孝义市不断延伸焦炉煤气、煤焦油、粗苯精制及深加工化工链条,金达集团等企业探索出集采煤、坑口洗煤、绿色焦化、甲醇联产LNG、煤焦油深加工、干熄焦发电和物流于一体的现代化煤炭循环发展方式,成功实现了由传统煤焦企业向现代化煤焦化循环企业转型。三是大力引进和转化先进生产技术。为了加快传统产业的升级与转型,孝义市政府和企业不断加大资本投入引进先进技术,以金达和鹏飞为例,金达集团为了实现煤炭清洁利用,斥巨资引进世界一流的新型焦炉和烘炉等;鹏飞集团通过引进岩相分析仪、焦炭反应性测试炉、全自动红外线测硫仪、葛金干馏仪等先进设备,把煤做大、把焦做强、把化做细。

2. 培育壮大三大新兴产业

大品牌带动战略是孝义市培育发展新兴产业的主要做法。近年来，在农产品加工产业方面，孝义市引进"王老吉"品牌，打造王老吉大健康产业园，并将当地丰富的核桃、红枣、牲畜等农产品资源投入王老吉顶养系列饮料产业项目，构成了孝义市农产品加工业产值的重要部分；在现代服务业方面，孝义市引进了国际一流超市品牌沃尔玛、民营超市一流品牌永辉超市、电影院线一流品牌万达影院、国际一流餐饮品牌麦当劳等知名企业，此外孝义市培育阿里巴巴农村淘宝村级服务站60个，打造出一批集文化、休闲、旅游、商贸等于一体的高端服务项目。

新动能引入战略是孝义市新兴科技产业发展的主要推动力。近年来，孝义市投资400余亿元引进重点新兴产业项目40余个，包括软通动力城市创新综合体、华为大数据中心等国内先进高新技术产业项目，提高了孝义市新旧动能转换速度。孝义市三大新兴产业作为孝义市新的经济增长力量，形成了孝义市多点支撑的现代产业体系，为孝义市经济增长添加了活力。

（二）率先优化营商环境，新增投资规模剧增

在调研过程中，课题组着重对孝义市营商环境进行了考察，并对调查问卷进行了整理分析。课题组了解到，孝义市在企业创办、产权登记与保护等方面流程不断简化，程序不断完善，孝义市营商环境不断优化。①

---

① 针对营商环境，调查小组共发放20份调查问卷，收回有效问卷17份。整理得出，在企业创办方面，有18%的和35%的企业认为注册时的流程"非常简捷"和"比较简捷"，有24%的企业认为开办企业"比较不简捷"，但经了解得知这部分企业都是在2010年之前注册创办的，有71%的企业注册审批时间在10天以内，包括35%的企业注册审批时间在5天以内。在获得电力方面，有12%的企业认为办理接入电网的程序"非常简捷"，有41%的企业认为企业在办理接入电网时"比较方便"，还有41%的企业认为办理电网接入的程序"一般"，仅仅有1家企业认为接入电网"比较复杂"。在产权保护方面，有多达59%的企业对产权保护"比较满意"，还有18%的企业对企业得到的产权保护"非常满意"。

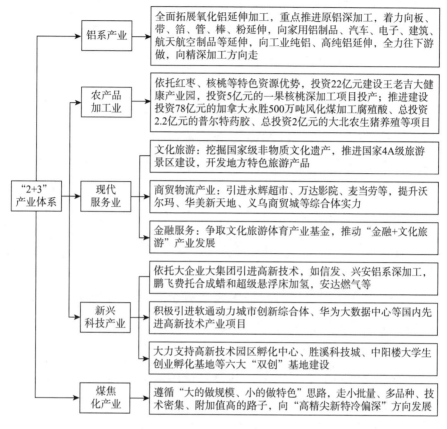

图 7-3 "2+3"产业体系

1. 孝义市优化营商环境的主要做法

孝义市良好的营商环境离不开政府的努力，通过与孝义市政府相关部门座谈，我们了解到孝义市在优化营商环境工作中的主要做法有以下几点。

第一，建立市民服务中心，提高办事效率。孝义市民服务中心可以说是孝义市简政放权工作的典型成果，其集行政审批、市民热线、政务公开等 12 大功能于一身，入驻单位 62 家，集中办理 210 项行政审批事项、130 项公共服务事项和四大类公共资源交易事项。集中式业务办理，有效避免了服务对象在所需单位间往返奔波，最大限度地缩短了承诺办理时限，简化了办理流程。孝义市民服务中心的建立，使得行政审批效率整体上提速49.8%。从2016年开始，孝义市政府审批一家新办企业所需时间从以前的十五天缩短为三天。

第二，进行登记制度改革，提高登记工作效率。孝义市从2015年开始推行"三证合一"，到2016年开始推行"五证合一"，再到2017年推行"多证合一"，积极落实"先照后证"改革，即实现企业可以先申领营业执照，后办理有关许可证，从而削减了部分工商登记前置审批事项。

第三，出台优惠融资政策，解决企业融资难问题。近年来，孝义市政府致力于帮助指导中小微企业开展股权质押登记融资，支持投资人以其持有的公司股权作为担保物来获得金融机构的贷款。同时孝义市启动中小企业融资担保公司，使企业获得融资的渠道更为通畅。

2. 孝义市良好的营商环境带来的成效

孝义市营商环境不断优化，其最直接的成效便是企业和招商引资项目数量的增多。

第一，企业产值及数量不断增加。截至2016年年底，全市中小微企业吸纳就业8.1万人，实现营业收入543.3亿元，上缴税金26.5亿元，占全市总税收的65%。而且，在营商环境优化的近些年，孝义市中小微企业数量由2010年的466家增长到2016年的3613家，呈现出不断增长的趋势。

第二，招商引资项目增加。公平、高效的营商环境，不仅催化了新企业诞生和企业集聚，还吸引了更多的招商引资项目。2017年以来，孝义市通过吕梁市备案签约项目6个，总投资212.8042亿元，拟引资182.0242亿元，远超吕梁市下达的98亿元的签约任务，具体项目包括：王老吉顶养系列饮料产业项目、鹏飞90万吨/年焦油深加工综合利用项目、兴业太阳能光伏发电（一期10MW）项目、汉能集团移动能源产业园一期工程项目、腐殖酸尿素项目、软通动力城市创新综合体项目。其中最具代表性的是王老吉顶养系列饮料产业项目，项目于2016年9月23日正式签约，9月30日正式入驻，2017年1月18日，项目第一批产品下线。项目7天落地，产品110天下线，创造了中国的"业内神话"。

（三）加快新型城镇化建设，努力提高市民获得感

近年来，孝义市始终把推进新型城镇化建设放在重要战略位置，全面统筹规划布局，主要做法如下。

1. 科学规划城市布局，加快城乡一体化建设

孝义市梧桐新区是孝义城乡一体化建设的缩影，梧桐镇本是孝义重要的煤化工基地，常年的煤焦生产极大地破坏了当地的生态环境，甚至当时当地流传着这样一则笑话："一只白鸽从梧桐镇上空飞过，变成乌鸦飞走了。"为了给居民提供良好的生活环境，孝义市在市区建设梧桐新区，并将20个村搬迁整合，使其集中居住，基本实现梧桐镇100%的城市化率。同时梧桐新区配套有幼儿园、小学、中学、社区综合服务中心、就业培训中心、文化活动中心、青年创业服务中心、教师公寓、老年公寓、大型超市和农贸市场等公共基础服务和商业服务设施以及垃圾收集转运处理工程、污水管网铺设及收集处理工程、集中供热供气工程、街区道路绿化工程等便民服务工程。梧桐镇"人口向新区集中、企业向园区集中"的空间布局，实现了生活区和工业区相分离，改善了农村环境和城乡生态，创造了一个宜居、宜业、低碳、环保的农村新区和城市新村。

2. 完善基础设施建设，提档升级城市功能

近年来，孝义市不断加大城市建设的资本投入力度，全力推进新

型城镇化建设。在公共服务方面，孝义市满足居民对教育、医疗优质资源的需求，大办教育、医疗等民生工程。近七年投资 40 亿元大办教育，先后撤并农村学校、教学点 110 所，新改扩建学校、幼儿园 44 所，引进太原理工大学现代科技学院。投资 3 亿元整合全市医疗资源，实施并建成以 3 个市级公立医院、18 个乡镇卫生院组成的医疗集团发展模式和医养结合的健康养老模式，同时还探索出"网格化"的医疗体系，基本解决了居民看病难的问题。在住房保障体系和基础设施建设方面，孝义市不断加大城市公共设施投入力度，改造提升住房、交通道路工程、集中供水供热供气等城市基础设施，布局建设包括大型购物、专业卖场、生活体验等新型服务业态的现代服务业集中示范区。

孝义市城镇一体化工作不断推进，近年来城镇化率实现了持续提升。其中，2010 年城镇化率为 57.59%，2012 年提升至 60.57%，2015 年达 65.15%。城市功能的不断完善，提高了全市民生幸福指数和市民获得感，截至 2016 年，全市新增就业人员 24673 人，城镇医疗保险参保率达到 98%，新型农村合作医疗参保率达到 99.5%。

（四）推进"生态立市"战略，实现"生态富民"目标

孝义市以建设生态绿色家园为目标，以增绿、增质、增效为主题，将生态修复放在首要地位，加大生态治理投入，让山更绿，水更清，天更蓝，老百姓的日子过得更红火。其具体做法主要有以下两个方面。

1. 多措并举，因地制宜修复生态

多年来大规模的煤炭开采，使孝义市地质遭到了严重的破坏，采煤沉陷区就是主要表现之一。针对采煤沉陷等生态问题，孝义市深入推进山上治本，重点围绕地质灾害治理区、生态脆弱区以及影响生态

环境的重点区域，全力推进宜林荒山荒坡造林绿化，并在大面积的采煤沉陷区种植核桃、牛心柿子和宫枣等经济作物，为一果食品有限公司、王老吉大健康产业园等多家农产品深加工企业数亿元的项目提供了原料，实现了生态恢复与经济增长共同发展的健康模式。

2. 依托生态工程，提高生态价值

在提供生态服务和进行生态治理的同时带来社会经济效益，是谓生态产业化。生态产业化是地区实现可持续发展的必然路径。[3]将孝河、胜溪湖等自然资源的保护发展为旅游业是孝义市生态产业化的重要体现。孝义市依托胜溪湖森林公园、国家4A级景区孝河国家湿地公园、曹溪河生态旅游综合开发等生态工程，基本形成了"一河两岸，沿河环湖"的滨河城市格局，拉动了当地餐饮、零售等服务业的发展。[4]此外，孝义市在依托沟域资源发展生态农业与景观农业，利用特色农果产品及养殖景观基地为市民带来健康舒适的生活环境的同时，也为全市带来了高额的收入。

四 孝义转型发展对山西的启示

资源枯竭、产业低端锁定、生态破坏等是资源型地区发展过程中存在的普遍问题，虽然孝义市与其他资源型地区在资源禀赋、发展历史和制度体制等方面存在差异，但孝义市转型发展的做法反映了资源型地区转型的一般规律。通过归纳总结，本课题得出以下启示。

（一）以技术升级带动产业链条延伸

在国家供给侧结构性改革的推动下，山西省部分传统煤焦企业错把转型当作单纯的转行，退出煤炭市场而另择他路，然而由于在陌生的领域缺乏核心技术，其在新的行业收效甚微。而孝义市如金达、鹏飞等传统煤焦企业通过工业园区化发展方式，实现产业集聚，并引进大批先进生产技术，实现了由传统煤焦企业向现代化的煤焦化循环经济企业转型。孝义市传统企业的成功转型让我们意识到企业转型并非转行，企业核心技术的升级才是推动转型的关键。产业转型在于发展方式的创新带来附加价值和价值链的延伸，而新的发展方式来源于技术升级。因此在经济转型的大浪潮下，山西首先要转变发展理念，不能简单地把转型与转行混为一谈；其次要加大资本投入和政府支出，研发和引进先进技术，升级提高开采加工水平；最后还要充分利用资源优势，合理开发资源，并对其进行深加工，延长产业链条，提高资源产品的附加价值，从而探索出更为集约高效的资源型产业转型道路。[5]

（二） 以新兴产业培育发展多点支撑的现代产业体系

尽管近年来山西省煤焦冶电四大传统产业增加值所占比重有所下降，但山西省一煤独大的结构特点仍未改变，因此山西省产业转型的重点问题在于如何实现产业结构优化升级。同样高度依赖煤焦化的孝义市近年来不断形成新的产业增长极。孝义市充分利用自身核桃、红枣等原材料的优势，大力发展一果食品有限公司和王老吉大健康产业园等农产品加工企业，通过引进大品牌带动现代服务业发展，同时依托高科技产业孵化园发展新兴科技产业。孝义市多元产业的发展为山西省产业结构调整提供了借鉴。山西在转型发展过程中，应在全省域各地区因地制宜发展特色产业。在农产品加工业方面，山西省应努力把"山西小杂粮"品牌做大做强，实现农业产业化经营，打造农产品生产加工基地，使农产品和深加工产品面向中高端市场；在现代服务业方面，应充分发挥其旅游资源大省的优势，推进全域旅游建设，努力成为真正意义上的旅游大省；在新兴科技产业方面，山西省应不断改善"双创"环境，推进众创空间建设，加大研发经费投入和专利保护力度，提高山西省科技创新能力，从而促进信息、电子设备、生物制药等新兴科技产业的发展。

（三）以营商环境的虹吸效应汇聚各方转型力量

"营商环境就是生产力"，良好的营商环境是转型升级的重要依托，是城市竞争力的重要内容，是地区软实力的重要体现，资源型地区经济发展和转型升级离不开营商环境的优化。[6]在近年来的转型发展过程中，孝义市高度重视营商环境的优化，建立孝义市民服务中心，简化办事程序、提高办事效率，从而吸引更多的企业和项目入驻，激活了孝义市经济活力。山西省要充分认识到营商环境的重要性，认真落实营商环境优化的九大战略部署，推进"放管服"改革。要深化商事制度改革，建立多项业务集中办理的服务大厅，并加强市场监管，营造公平公正的市场环境，同时转变政府职能，减少其对市场的干预，加快全省域"六最"营商环境的实现，从而吸引更多的资本、人才、设施、项目、企业和机构等资源要素集聚山西，提高地区竞争力和发展潜力，为山西经济转型提供更广阔的空间。

（四）以城市品质提升吸引多层次人才集聚

城市品质作为城市竞争的"软实力"，是吸引人才留驻的重要因素之一。近年来孝义市扩容提质，着力完善城市公共基础功能，创新教育、医疗等管理制度，为城市居民提供了良好的生活环境。在经济转型的过程中，山西省要兼顾市容环境和城市管理服务水平，应做到以下几点。

一是改造提升生活服务设施，完善教育、医疗等公共服务体系，努力实现省域内各乡镇卫生院、社区卫生服务中心、村卫生室全覆盖。

二是完善产业服务体系，加快构建科技金融服务平台、创新技术服务平台、高端人才服务平台等，实现多种服务产业协同发展，从而推动产业转型升级。

三是建设智慧城市管理服务体系，积极探索"网络科技＋传统模式"的城市管理制度，充分利用微信服务等电子平台提供"一站式"的政务服务。

四是重视城市生态环境的改善，加快城市绿化建设，争创绿色文明的花园城市，从而吸引更多技术型人才留驻。

（五）以城市空间优化布局规避生态破坏威胁

相对于其他地区而言，资源型地区面临的生态问题更加严峻，采煤塌陷、耕地破坏、水污染等问题严重威胁居民的健康与安全。[7]然而孝义市梧桐镇工业区与赵家沟采煤沉陷区的成功改造展现出了资源枯竭型地区向绿色发展之路转型的创新模式。特别是生态遭到严重破坏的地区，除要对其进行环境治理和节能减排外，还应注重城市空间格局的重新布局，如通过生产区与生活区相隔离，把居民集中迁往环境污染小、生活方便的地区等实现城市"边缘生产区—中心生活区"的合理区位分布。同时，在城镇与工业区分离的基础上，孝义市积极优化生态发展区，如胜溪湖、孝河生态区的规划建设利用了自身资源环境优势，改善居住环境，吸引餐饮、商贸物流、旅游服务等特色产业入驻等实现了市域空间利用与功能区规划。因此，孝义市梧桐新区等规划建设作为目前新型城镇化空间布局优化的缩影之一，对山西城镇化和城镇化区域空间布局有一定的借鉴意义。山西省可结合自身的优势、特点实施差异化的空间布局战略，在进行生态治理的同时高起点优化空间布局。

参考文献

[1] 任永亮：《孝义"王老吉"缔造业内神话》，《山西日报》2017 年 3 月 20 日，第 1 版。

[2] 闫二旺：《焦化循环经济工业园生态产业链运行研究——以山西省为例》，《中国人口·资源与环境》2014 年第 S1 期。

[3] 舒小林、高应蓓、张元霞、杨春宇：《旅游产业与生态文明城市耦合关系及协调发展研究》，《中国人口·资源与环境》2015 年第 3 期。

[4] 张世川：《孝义市胜溪湖街道旅游产业撑起经济发展一片天》，《吕梁日报》2017 年 3 月 24 日。

[5] 董锁成、李泽红、李斌、薛梅：《中国资源型城市经济转型问题与战略探索》，《中国人口·资源与环境》2007 年第 5 期。

[6] 武靖州：《振兴东北应从优化营商环境做起》，《经济纵横》2017 年第 1 期。

[7] 郭占锋、付少平：《西部地区城镇化进程中新型农村社区建设现状、困境与出路——以陕西省 Z 镇幸福社区为例》，《南京农业大学学报》（社会科学版）2014 年第 4 期。

第八章

煤城徐州转型发展的经验及启示

樊贵莲* 胡 非**

摘要： 徐州作为一个资源型城市，从资源枯竭到成功转型大致经历了启动转型、全面转型、加速转型和构建现代产业体系四个阶段，其主要通过生态环境重塑、产业结构优化、空间布局整合等措施促进产业转型发展，激发城市活力。其他资源型城市可以借鉴徐州的成功经验，促进政府提质增效和市场决定性作用密切配合，改造提升传统产业和培育壮大战略性新兴产业并举，优化产业发展空间布局和改善生态环境齐进，投入高端要素和加强技术创新兼顾，多措并举、多管齐下，推进资源型城市高质量转型发展。

在世界工业体系转型升级的新形势下，大部分资源型城市面临转型发展的历史性难题。有 130 年煤炭开采历史的江苏徐州，2008 年以来通过制定并实施一系列转型发展政策和措施，城市转型成效显著。本章通过对徐州转型发展的历程和主要做法进行梳

---

* 樊贵莲，博士，山西财经大学工商管理学院，讲师。

** 胡非，Newcastle University，硕士研究生。

理，剖析其转型经验，以期对其他同类资源型城市高质量转型发展提供借鉴。

一 徐州概况

徐州古称彭城，位于江苏省北部，历史上为华夏九州之一，具有5000 多年的文明历史和 2500 多年的建城史。全市地域面积 11258 平方公里，总人口 1039.42 万人，现下辖 2 市（新沂、邳州）、3 县（丰县、沛县、睢宁县）、5 区（云龙、鼓楼、泉山、铜山、贾汪）。徐州是一座资源型城市，即因自然资源的开采而建设兴起并发展壮大，且资源型产业在工业中占有较大份额、成为主导产业的城市。参照国际公认的分类标准，符合下述两条之一者即可确定为资源型城市：一是资源型产业从业人员占全市从业人员的 15% 以上，二是资源型产业产值占工业总产值的 10% 以上。徐州资源富集且组合条件优越，煤、铁、钛、石灰石、大理石、石英石等 30 多种矿产储量大、品位高，其中煤炭储量 69 亿吨、石膏 44.4 亿吨、岩盐 21 亿吨、铁 8300 万吨、石灰石 250 亿吨。全市发电装机容量达 1000 万千瓦，是江苏省重要的能源基地。[1]徐州是江苏唯一的煤炭产地，也是我国华东地区重要的煤炭基地，最多时有 300 余座（家）矿山及煤炭企业。自 1882 年起，徐州开启了长达 130 余年的煤炭开采历史，成为一座有名的煤城。作为江苏唯一的煤炭生产基地，从 20 世纪 50 年代末开始，徐州的产业定位就是重点发展以煤炭为主的能源、原材料产业，主导产品是原煤、电解铝、铁矿石、普通原材料、普通建筑材料、化工原料等初级产品和基础原材料。百余年来，徐州依靠丰富的煤矿资源走上一条倚靠能源产业和重工业的发展道路。作为江苏省的能源供应基地，在计划经济时代，徐州曾解决全省 8 个地级市的煤炭需求。这种极度依靠资源产业的粗放型发展模式在给徐州带来可观经济效益的同时，也形成了以煤炭为依托的矿产资源采掘、原材料初级加工为主的单一的重污染的产业结构，并造成土地塌陷、耕田废弃、交通水利等基础设施损坏，导致生态环境恶化，迫使村镇搬迁。随着煤矿资源被不断开采，徐州的煤炭资源渐渐枯竭，且由于开采深度的增加，技术改造的资金成本也不断上升。资源采掘业进入产业周期的衰退期，不但逐渐失去了对徐州发展的前推力，反而可能成为城市发展的障碍与阻力。徐州走向了资源枯竭型城市转型的道路，从产业调整、生态改造、城市完善、民生改造等方面开始全面转型。

二 徐州转型发展的历程

徐州的产业功能与整个煤矿发展的生命周期规划紧密相关，其产业转型大概经历了以下四个阶段。

（一）启动转型阶段（1988—2007 年）

与其他资源型城市一样，急需转型发展的徐州也面临诸多困难。依托煤炭资源，国家先后在徐州布置建设了煤炭、机械、化工、建材、纺织、冶金等近千家国有企业，形成了以能源、原材料和装备制造业等重工业为主的工业体系。其国有企业数量仅次于南京和无锡。到 20 世纪 80 年代末，徐州的经济发展面临产业结构层次比较低、产业结构失衡、体制性束缚矛盾突出、社会保障乏力、就业矛盾显著、企业自主创新能力薄弱、竞争力不强、人才与资金短缺、资源型产业效率不断下降、发展动力不足以及生态环境修复治理的形势不容乐观等困难。但与同类型城市不同的是，徐州的转型发展策略很早便开始筹划实施。早在"十五"期间，江苏就已经意识到徐州的煤炭资源开始枯竭，经过精心调研后，仿效中央对东北老工业基地的政策，开始扶持徐州的发展。1988 年徐州开始启动采煤塌陷地综合治理工作，并成为全国最早的 3 个采煤塌陷地农业综合开发复垦国家级示范区之一。2001 年率先在全国颁布实施《徐州市采煤塌陷地复垦条例》，把对采煤塌陷地的修复与整治列为重要任务，开启了徐州产业转型发展之路。

（二）全面转型阶段（2008—2011 年）

2008 年，江苏省委、省政府出台《加快振兴徐州老工业基地意见》，提出要把徐州建设成为淮海经济区中心城市和商贸物流旅游中心，建设成为以工程机械为主的装备制造业基地、能源工业基地和现代农业基地，加快发展装备制造业、食品及农副产品加工业、能源产业、商贸物流旅游业四大主导产业并出台了相应的扶持政策。徐州市委、市政府根据徐州所面临的困难和发展实际提出"依托资源起步，甩开资源发展"的转型发展战略，通过一系列措施引导徐州转型升级。徐州市政府工作报告指出，要坚持"好"字优先，加快转变经济发展方式。在此期间，徐州关闭了全市所有的小煤矿，还淘汰了钢铁高炉 10 座（120 万吨产能）、电炉 17 座（196 万吨产能），关闭了 318 家化工和造纸企业、99 家立窑水泥厂、154 万千瓦小火电机组，拆除燃煤锅炉 1000 余台。[2]

2011 年，以多晶硅光伏、风力发电、矿产物联、节能环保等为标志的战略性新兴产业产值达 1854 亿元，高新技术产业产值占比从 5 年前的 6% 提高到 30%。徐州大力改善塌陷区的生态环境，贾汪区在 1.74 万亩的塌陷坑上建起了潘安湖湿地公园；逐渐引入集商务、休闲、娱乐、旅游于一体的高端服务业，城市职能日趋完善；近几年，徐州市政府实施了 9 大类 19 个民生幸福工程，城乡居民收入大幅增长，城乡差距进一步缩小。[3]2011 年 5 月，徐州被评为"国家环保模范城市"，成为新标准颁布后首批通过验收的城市。

（三） 加速转型阶段 （2012—2015 年）

2012 年，徐州市政府进一步强调，解决发展不平衡、不协调、不可持续的问题关键在于加快转变经济发展方式，推进经济结构战略性调整。2013 年 7 月，《国务院关于促进光伏产业健康发展的若干意见》出台，明确提出加大财税政策支持力度等六大支持政策。徐州市政府适时出台《能源产业规划纲要》，提出投资新能源产业除了能够享受优惠政策外，还可以获得 1000 万元的专项基金支持。[2]同时，徐州市政府还制定并发布了《智慧徐州总体规划》，明确了"一枢纽、三中心"的发展重点，并编制完成了《智慧徐州项目操作流程》，对智慧徐州建设 2014 年度项目计划进行了安排，共 3 大类 27 个项目，总投资 30.8 亿元。[4]到 2013 年年底，徐州市拥有国家级企业技术中心 4 家、省级 57 家，实现了本土大中型企业研发机构全覆盖。近年来，徐州市光伏产业迅速崛起，产业规模居全国首位，已成为全国最重要的光伏产业基地之一。[2]中国地质大学高天明等综合国内学者研究成果并使用界定指标聚类和正态分析的方法，总结出我国资源型城市界定的主要指标及取值：当一城市采掘业从业人口百分比≥10 % 或矿业产值占 GDP 百分比≥6% 时，则该城市可称为资源型城市。[5]2015 年，徐州市矿业产值占 GDP 的比重首次下降到 6% 的标准线以下（见图 8 - 1），而从 2013 年开始徐州市采掘业从业人口百分比下降到 10% 以下，并且持续降低（见图 8 - 2），这表明徐州市已经成功转型。

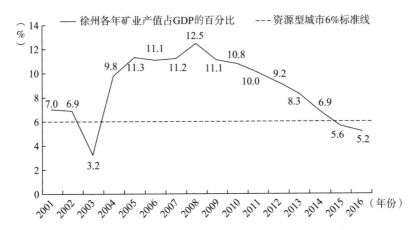

图 8 – 1　2001 – 2016 年徐州矿业产值占 GDP 的百分比

资料来源：2002—2017 年《徐州统计年鉴》。

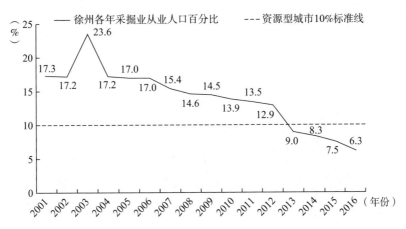

图 8 – 2　2001 – 2016 年徐州采掘业从业人口百分比

资料来源：2002—2017 年《徐州统计年鉴》。

（四）构建现代产业体系阶段（2016 年至今）

2016 年，徐州以煤炭为主的采掘业占全部工业产值的比重已下降到 5% 左右，而煤矿集团的非煤炭收入已超过 50%。徐州市的 GDP 由 2007 年的 1748 亿元增长至 2016 年的 6600 亿元，年均增长 14%，经济实现了快速增长。关于环境治理，典型的原煤炭主产区贾汪区的生态绿化率已接近50%，成为煤矿塌陷区治理的典型。[6]徐州市转型发展过程中三大产业从业人员比例逐步优化（见图8-3）。习近平总书记2017年12月到徐州考察时，对徐州振兴转型发展实践给予了充分肯定。

但徐州的产业转型升级还在继续着力构建现代产业体系。徐州是沿东陇海线经济带的中心城市，在国家"一带一路"规划中被确定为新亚欧大陆桥经济走廊重要节点城市，这为徐州进一步转型提供了重要机遇。借助区位优势，徐州正大力构建双向开放新格局，主动融入"一带一路"建设，加快打造综合保税区、铁路口岸等"十大开放平台"，推进各类开发园区提档升级，培育核心产业和产业集群，抓好全产业链、专业化、精细化招商，构建新亚欧大陆桥沿线开放高地，向全球价值链高端攀升。[7]

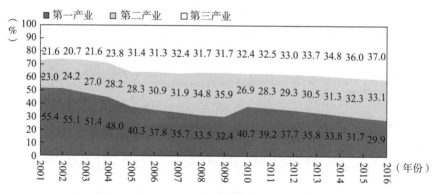

图8-3 徐州市三大产业从业人员比例变化

资料来源：2002—2017年《徐州统计年鉴》。

三 徐州转型发展的主要做法与经验

近年来，徐州把推进传统产业转型升级作为转变经济发展方式的重要内容，牢牢把握"一条底线，六个提升"，即守住环保底线，实

现产业规模、科技含量、产品附加值、品牌、节能降耗水平和竞争力
的提升，紧紧围绕打造装备制造、能源、食品及农副产品加工、商贸
物流旅游四大千亿元主导产业的目标，坚持"调高、调优、调强"的
取向，深入实施传统产业加速调整、高新技术产业跨越发展、创新型
经济培育和农业提档升级"四大行动计划"，全力推动产业层次由低
向高转变。[8]徐州市委、市政府通过一系列措施引导徐州从生态环境
重塑、产业结构优化、区域空间整合等方面转型升级。

（一）生态环境重塑——从空间松散扩张到生态集约转变

长期以来，我国资源型城市的空间结构在"缘矿而建"及"先生
产、后生活"的影响下一般呈现过度分散的结构特征。而徐州市委、
市政府采取一系列措施，引导城市空间扩展从松散扩张逐渐向调整用
地结构、存量土地挖潜的生态集约转变。

为了深入贯彻落实科学发展观，培育新的经济增长点，徐州以生
态文明建设为引领来加快老工业基地转型发展的进程，提出了"六大
战略"，着力于"四个转变"，2011年又制定了徐州十年"三步走"
战略目标，积极推进全域生态建设和绿色发展，确保建成国家森林城
市，基本建成国家生态园林城市，让绿色生态城市成为徐州的亮丽名
片。为实现上述目标，徐州大力发展低碳技术、节能环保产业，全面
推进循环经济、清洁生产，实行"三废"集中处理，加快构建绿色产
业链和资源循环利用链，培育绿色经济增长的新亮点。[9]

针对采煤塌陷地和矿山土地整理，原为建设用地性质的采煤塌陷
地经复垦后可等面积置换为城市建设用地指标，并将难以复垦的区域
纳入城市绿地系统规划，作为生态保育区进行生态修复和景观重建。
通过建设湿地生态公园、采石宕口生态改造、荒山绿化行动等扩大城
市生态空间，徐州市成为淮海经济区唯一一个成功创建的国家生态园

林城市。

1. 综合进行矿地生态修复，打造矿地融合发展示范区

一是强化典型示范引领，打造矿地融合发展示范区。为化解日益突出的矿地矛盾，徐州在 1998 年就率先开展了"矿区土地资源与矿产资源一体化管理"的理论和技术研究，以"沛北一体化"发展为试点，以矿区土地综合治理为抓手，探索矿地一体化统筹管理的新路径，制订并实施了《煤盐化工产业发展规划》，将沛县设为传统产业转型升级试验区，强化示范引领。2017 年江苏省国土资源厅结合矿地统筹提出矿地融合发展新模式，并将其列为七项重点突破任务之一。省委、省政府出台《关于支持徐州建设淮海经济区中心城市的意见》，支持徐州市深化改革先行先试，明确指出支持徐州实施采煤沉陷区综合治理，开展"矿地融合"创新试点，率先探索煤炭开采，生态修复和城、矿、乡统筹"三位一体"的资源型城市发展新模式，打造矿地融合发展示范区。[10]徐州市相继成为中国土地勘测规划院土地管理政策与技术示范基地、国家测绘局国土环境与灾害监测重点实验室科技示范基地、老工业基地资源利用与生态修复协同创新中心等科研基地，根据矿区实际情况，开展在国土资源领域具有针对性的研究。

二是因地制宜，对矿区土地进行综合整治。2008 年以来，徐州市抓住江苏省委、省政府加快振兴徐州老工业基地的重大机遇，积极创新工作思路，坚持"宜农则农、宜水则水、宜建则建、宜生态则生态"的综合治理原则，努力放大政策综合治理效应。贾汪区运用地貌重塑技术和土壤重构技术，通过"挖低垫高、削高填低、扩湖筑岛"等具体措施，将潘安塌陷地建成了潘安湖湿地公园。利用潘安湖景区显著的生态溢出效应，紧接着对潘安湖周边的塌陷地进行二次开发，规划建设潘安湖科教创新区，将湿地公园和科教创新区融合发展，构建集旅游文化、科教创新、采矿历史、时代品质于一身的现代城市新

区。为集约利用土地资源，徐州市联合中国矿业大学开展采煤塌陷地建设再利用科技攻关，探索地面沉降稳定性评估、采空区地基处理及抗变形建筑技术，在治理后的采空区上建设住宅小区、工业厂房和基础设施，实现采煤塌陷地的有效利用。其中，徐州工业园区利用5000亩工矿废弃地和采煤塌陷地，建设了20多万平方米的棚户区安置小区，建成18万平方米高标准厂房以及"六横七纵"13条道路。徐州经济技术开发区内的江苏中能硅业科技发展有限公司利用大黄山煤矿塌陷地，有效盘活存量建设用地2100亩，建成高标准现代化厂房和办公场所等建筑，实现了采煤塌陷区土地经济利用价值最大化。同时，徐州市将城镇建设规划区以外的采煤塌陷地优先复垦为耕地，还田于民。截至2017年年底，徐州市累计形成的38.19万亩采煤塌陷地已有19.72万亩完成综合治理，越来越多的采煤塌陷地"变身"为生态湿地、特色旅游区，成为促进当地产业发展、富民增收的"宝地"。[11]

三是加强国际合作交流，学习国外的成功经验。徐州先后组织了3个批次60余人赴国外学习培训，借鉴国外城乡统筹规划、生态环境修复、传统产业升级等领域的成功经验。与德国北威州签署了共建徐州生态示范区项目框架协议，在城北采煤塌陷地内合作开展修复工程，开发建设"采煤塌陷地生态修复治理示范区"。利用采煤塌陷地建设再利用技术，徐州市经济技术开发区、徐州市贾汪区工业园区和泉山经济开发区规划塌陷地再利用4.5万亩，建设再利用1.7万亩。[12]利用关闭的权台煤矿工业广场，以德国鲁尔园区转型为样本，规划发展文化创意和养老养生等产业，变废为宝。

2. 大力发展节能循环经济，减少能耗及污染排放

一是大力推进节能项目。徐州加快淘汰落后产能，积极探索节能技术，组织实施节能示范工程，广泛推广水泥窑余热发电、焦炉高炉煤气回收利用、高压电机变频改造等一批节能项目。大力实施"节能

产品惠民工程",累计推广国家财政补贴高效照明产品129.7万只、节能新产品50余种。积极争取上级部门的支持,有205个项目列入国家、省级节能及循环经济专项资金计划,获得扶持及奖励资金3.02亿元。[4]

二是大力发展循环经济。徐州创新产业发展路径,坚持传统能源产业战略转型,加快实施煤炭企业"内稳外扩"战略,大力发展循环经济,推动产业形态向煤基两端延伸拉长。全市煤泥、煤矸石和粉煤灰利用率始终保持在100%。新增中水利用、二氧化碳回收、餐厨废弃物提炼生物柴油等一批新型综合利用企业,全面推行清洁生产,共有284家企业清洁生产审核通过验收。[4]围绕煤炭、电力和大宗废弃物的利用,培育生态产业链。

(二)产业结构优化——从单一的矿产开采加工到以先进制造和科技创新为主的多元产业

徐州市对主导产业、传统产业、新兴产业等采取针对性的措施推进产业转型升级,形成了以先进制造业为主体、现代服务业为支撑、高新技术产业为主导的产业协调发展新格局。徐州三次产业结构由2010年的9.6:50.7:39.7调整到2016年的9.5:44.3:46.2,三产比重六年累计提高6.5个百分点。[13]

1. 促进主导产业升级发展

大力提升装备制造、能源、食品及农副产品加工等主导产业的发展水平,促进这些产业向价值链高端攀升。

装备制造业方面,以徐州工程机械集团为龙头,以徐州经济开发区和徐州高新区为两翼,重点发展工程机械主机、特色装备制造、关键零部件、新兴装备制造四大高端产业链,加快突破工程机械整机制造、数控机床制造、自动控制系统集成等关键技术,把徐州建成具有国际竞争力的工程机械和专业车辆制造业基地。

能源产业方面，坚持"龙头型带动、上下游延伸、链群式发展"模式，以光伏、风电、燃烧控制设备、生物能源、煤炭、电力产业为重点，推进新能源产业集群发展壮大、煤炭产业转型转移、电力产业改造升级，鼓励煤电企业建立战略联盟，加快延伸煤电、煤电铝、煤电建材、煤电化工等产业链，同时促进能源产业发展由粗放型向集约型和高效型转变，建成全国重要的新能源产业基地和华东地区最重要的能源产业基地。

食品及农副产品加工方面，重点发展精深加工，全面提升食品及农副产品加工水平，着力打造烟酒饮料加工、粮油加工、畜禽加工及大蒜等食品产业链，加快突破果蔬精深加工、畜禽加工废弃物综合利用、功能性食品有效成分检测和功能因子生物活性稳态化等关键技术，引进新型环保节木节材型板材生产线等大型现代化装备，建成全国重要的食品及农副产品加工基地。

2. 推进传统产业转型发展

徐州通过政策规划，引导传统产业链纵向延伸和横向配套。对煤盐化工、冶金、建材等传统优势产业，从产业规模、科技含量、产品附加值、品牌、节能降耗、竞争力六个方面寻求突破和提升。通过整合资源推动规模扩张；利用现代高新技术提升传统产业科技含量、降低能耗、减少污染；以延伸产业链、精深加工提高产品附加值；以龙头企业、重大项目为引领，打造知名产品、知名品牌，提升竞争力。

3. 加快现代服务业规模发展

近年来，徐州重点发展教育、金融、物流、售后服务、会计等生产性服务业，加快发展现代物流、文化动漫、旅游服务等现代服务业。鼓励制造业企业分离发展服务业，提高服务业比重，优化服务业结构，着力构建增值高、辐射广、就业多的新型服务业体系；大力发展新兴商贸流通业、电子商务型批发市场、便利超市型农贸市场等商贸流通业，积极发展连锁经营、特许经营、大电子商务等新兴业态，加快建设生产型物流系统、大宗货物物流系统、专业化配送物流系统、市场型物流系统和区域性航空货运物流系统等"五大物流系统"，努力将徐州打造成为区域性商贸物流中心城市、淮海经济区商贸流通主导型城市。2015 年，徐州市服务业增加值同比增长 10.2%，占比为 46.2%，首次超过二产 1.9 个百分点，产业结构实现由"二三一"向"三二一"的重要转变。[13]

4. 推动新兴产业蓬勃发展

徐州积极发展新能源、新材料、新医药、物联网、软件和服务外包、环保等六大战略性新兴产业，加大研发投入，强化对关键项目和核心技术的联合攻关，合理引导产业规模化、空间布局集聚化发展，重点推进多晶硅材料及光伏辅材、风电设备偏航用回转支承、垃圾再生能源发电、电子化学品及电子浆料、LED 晶片、感知矿山物联网等新兴产业快速发展。

（三）区域空间整合——从矿城分离的二元空间结构到极核发展的综合城区

城市功能的调整直接影响城市空间结构的形成与发展。20 世纪 90 年代中期，随着徐州资源型经济的快速发展，资源生产空间与主城区空间脱离，主城区整体格局沿主要交通线指状展开，矿区因远离城市中心呈独立发展态势，形成"矿城分离的二元结构"。从 1994 年开始，徐州资源型产业日渐衰退、煤炭资源逐渐枯竭、开采成本不断提高、生态环境持续恶化等问题凸显，徐州市经历"退二进三"产业调整期，徐州金山桥经济技术开发区和铜山高新技术开发区相继成立，同时开展采煤塌陷区生态修复工程，圈层式山水城区逐步形成。2005 年之后，城市空间快速扩张，伴随京沪高铁徐州东站的建设与使用，徐州市双中心的城市格局逐渐形成，并形成"山、水、城、田"的生态基底，城市格局逐步向区域中心城市转变。

四 徐州成功转型的启示

徐州的转型不是那种断崖式的转型，也并非一蹴而就的，新旧产业的转型实现了无缝对接，是循序渐进的转型，属于平稳过渡型转型。实现这一过程，需要多管齐下、多方发力。

（一）促进政府提质增效和市场决定性作用密切配合

高质量发展依赖于市场价格调节的有效性，其基础性的体制机制要求是，必须使市场在资源配置上发挥决定性作用。[14]同时，政府应积极转变管理理念和服务效能，提供全方位的服务：一是制定发展规划，引领区域经济发展；二是调整区域产业结构，发挥地方比较优势，推动主导产业发展；三是转变政府职能，简政放权，推进行政审批制度改革，提质增效；四是完善公共服务职能，积极营造公平有序的市场竞争环境。

（二）改造提升传统产业和培育壮大战略性新兴产业并举

推动传统产业的改造提升既是资源型地区转型升级的难点，也是工业经济跨越发展的重点。一是充分利用技术改造、先进适用技术、信息化技术等对传统产业进行改造提升，不断提高先进产能比重。二是加大招商引资力度，强化产业链招商，不断拉长增粗传统产业链条。三是综合利用经济、法律以及必要的行政手段，积极淘汰落后产能、化解过剩产能。战略性新兴产业代表未来产业的发展方向，是提升资源型地区产业结构层次、构建现代产业体系的必然选择。各地可以根据自身优势，重点培育2—3个新兴产业。积极培育一批符合国家产业政策发展方向的消费拉动类产业和接续替代产业，加快成长壮大步伐。

与众多同类型城市在面对转型时的做法相比，徐州市富有特色之处在于：实施转型的复合模式，前后延伸煤炭产业新的产业链，同时培育壮大替代产业。资源型城市产业结构单一，没有形成合理的多元化产业格局，不能实现产业间的互补和风险的分散，城市的发展也失去了比较稳固的基础。资源型城市产业转型主要有三种可以选择的模式。

一是产业链延伸，即在原有资源开发的基础上，发展下游加工工业，形成更加完整的产业链。随着产业链的延伸，下游企业和配套服务企业的数量不断发展壮大，大量与生产经营相关联的企业在一定空间内聚集所带来的专业化生产可以降低运输成本和交易费用，便捷的沟通和配套服务将产生聚集经济效益。在转型初期，徐州面对苏南模式的高新技术和出口贸易的优势，把握了区域二重性特征，重视传统产业，做出了传统产业不是劣势产业的重要判断，抓转型、走新路，警惕休克疗法，把握好经济增长发力点。在历经转型十年后，徐州沛县的传统产业成功实现了规模、科技含量、产品附加值、品牌、节能减排水平和竞争力等方面的提升，同时把50%的煤炭转化成电和煤化工产品，把50%的铝锭转化成铝产品，把50%的农产品转变成食品。[15]2015年，徐州市政府批准实施《徐州煤焦化产业中长期发展规划》（以下简称《规划》），确定煤焦化产业发展思路、总目标以及发展方向、产业布局。根据《规划》，徐州市将加大下游产品增值力度，延伸焦化产业链条，促进"焦""化"并举，增强产业竞争力，实现由分散到集聚、由独立到联合、由炼焦到焦化的转变，建成国内一流的绿色煤焦化产业基地。根据全市焦化企业煤焦油的产量，以及焦油加工就近转化、集中加工的原则，在全市规划建设 5 个煤焦油提取项目和 3 个粗苯深加工提取项目。

二是发展全新的产业。资源型城市也可以吸引外来投资和技术，建立和发展与原有产业基础没有关系的新产业，实现产业转型，比如大力发展商贸、金融、信息网络、文教娱乐、旅游、房地产开发等第三产业，大力发展中小型企业等多种经济成分。

三是复合模式。通常在转型初期表现为产业链的延伸，城市主导产业逐步由采掘业变为加工业，随着加工业的发展，城市功能逐步完善，新兴产业不断发展，城市逐步演化为综合性城市。在这里我们需要引入"接替产业"这一概念。这里的接替产业是接续产业与替代产业的简称。接续产业指的是在原有资源产业的基础上，前后延伸形成的新的产业。而替代产业是指与原资源产业无直接关联的新产业。

对于接续产业的选择，徐州市成功转型给同类型城市的启示在于，大型煤炭企业可以在稳定现有煤产量的前提下，加强发展地区的煤化工产业，不断增加系列产品，如煤、电、铝的产业链建设以及煤变油技术的应用推广等使得资源优势在当地实现最大化增值；可以充分发挥已有的队伍优势、技术优势、管理优势发展相关的第二产业项目，并积极拓展发展空间，在延伸产业链等方面加强区域协作，参与邻区煤炭开发，变单纯的资源输出为技术输出。例如，徐矿集团先后在山西、陕西、甘肃、新疆、贵州等中西部煤炭富集区建立多个生产基地，投资开发新疆阿克苏的俄霍布拉克煤矿、甘肃崇新县的新周煤矿、贵州习水的二郎矿区，与陕西宝鸡市政府合资组建秦源煤业有限公司等。

对于替代产业的选择，可以参考国家统计局的行业分类法，利用"工业行业竞争力比较指标体系"，对本市的行业竞争力评分，选出同时具有比较优势和竞争优势的行业，根据以上分析，挑选出本市应积极培育的特色主导产业，大力发展以提升其整体竞争力水平。此外，积极发展现代服务业，开拓旅游、信息、商务等服务业的新领域，积极发展金融业。例如，《中共江苏省委、江苏省人民政府关于加快振兴徐州老工业基地的意见》（苏发〔2008〕19号）将装备制造业、食品及农副产品加工业、能源产业、商贸物流旅游业四大产业作为徐州未来发展的主导产业，这是从徐州实际出发、调优调高产业结构做出的正确选择。

（三）优化产业发展空间布局和改善生态环境齐进

加强开发区建设，优化和拓展发展空间。坚持新型工业化、新型城镇化融合发展，着力在优化布局、完善功能和统筹发展上下功夫，加快构建以国家级、省级开发区为龙头，重点中心镇、镇级工业集中区为支点，都市型工业、楼宇工业、道口工业等为增长极的"市、县、镇、园"四级工业空间结构体系。区域间的优势互补、协调互动不仅为各个区域的发展拓展新空间，而且使全市工业经济整体竞争力得到新提升。要明确功能定位，避免同质化竞争。要深入研究主城区工业产业发展问题，避免空心化。

根据徐州的经验，可以对废弃的矿区进行充分改造，将其建设成为产业园区或生态旅游区等。徐州立足土地和矿产资源实情，坚持把生态文明建设作为老工业基地振兴和枯竭城市转型的重中之重，结合矿区开采引起的严重社会和环境问题，积极探索实现矿地融合发展、资源节约集约利用的新路径，将昔日的典型"煤都"转型成为山水相依、生态宜居之城。

另外，可以通过建设完善的交通网络拓展发展空间。先天的优良地理位置助力徐州成功转型。徐州过去有"五省通衢"之称，现在徐州拥有铁路、高铁、水运、航空、管道、高速公路等各类运输形式，每天经过经停徐州的高铁达到 290 多列，对周边也有辐射带动作用。虽然这样优越的先天地理条件并不是所有资源型城市都能拥有的，但可以借鉴的是转型发展中的资源型城市能够牢牢把握国家交通网络布局建设的契机，最大限度地利用最新建成通车的高铁网络，为城市的转型发展助力。

（四）投入高端要素和加强技术创新兼顾

加快转变经济发展方式，加快向创新驱动、绿色低碳、智能制造和投资、消费、外需协同拉动转型。一是要加快科技创新步伐，集中精力攻克一批制约产业发展的共性、关键技术，强化创新平台建设，不断提高产品核心竞争力。二是要加大节能减排力度。积极推行资源节约和环境保护的生产模式，大力发展清洁生产和循环经济，提高资源综合利用水平，有效防止和控制各类污染物排放，改善生态环境。三是要推动工业化和信息化深度融合。四是要优化要素投入结构，加大高端人才、创新资金等高端生产要素的投入，提高全要素生产率。人才资源为徐州的产业转型提供了有力支撑。徐州拥有比较好的高校资源（中国矿业大学、江苏师范大学、徐州医科大学院和徐州工程学院），为徐州提供了充足的人才资源，这为徐州的产业转型升级、城市生态修复、城市修补奠定了人才基础。对于很多资源型城市来说，人才资源可能更加匮乏，这就需要在人才引进、落户政策方面做出更多的努力。

参考文献

［1］《徐州概况》，徐州市人民政府网站，http：//www.xz.gov.cn/zgxz/005/005003/，最后访问日期：2019 年 5 月 8 日。

［2］郝景亚、上官敬芝：《低碳经济背景下徐州产业转型的思考》，《徐州工程学院学报》（社会科学版）2014 年第 5 期。

［3］姚刚、刘纪元、刘文青：《基于扎根理论的城市转型中的城市形象定位研究——以徐州市为例》，《现代城市研究》2014 年第 2 期。

［4］徐州市经信委：《徐州市加快工业经济转型升级的实践与思考》，《中国经贸导刊》2014 年第 30 期。

［5］高天明、刘粤湘、丁博：《资源型城市界定主要指标和取值研究——以我国地级城市为研究对象》，《中国矿业》2010 年第 2 期。

［6］王海平：《徐州新事：一个资源枯竭型城市的转型之路》，《21 世纪经济报道》2016 年 5 月 7 日。

［7］周铁根：《探索具有徐州特色的转型振兴新路》，《群众》2017 年第 15 期。

［8］郝亚娟：《新形势下金融支持对徐州经济转型升级的影响研究》，《淮海文汇》2016 年第 2 期。

［9］殷献茹：《徐州新一轮老工业基地振兴转型的战略思考——以江苏沿海开发为背景》，《淮海工学院学报》（人文社会科学版）2014 年第 2 期。

［10］李钢、喻成林：《综合治理实现"煤都"绿色转型——徐州的实践探索》，《中国土地》2018 年第 2 期。

［11］宋仪凯、杨国庆：《把历史"包袱"变为生态财富——徐州市采煤塌陷地"蝶变"启示录》，《济宁日报》2018 年 7 月 26 日。

［12］秦建莉、魏宁：《徐州奋力谱写老工业基地全面振兴的新篇章》，《徐州日报》2017 年 12 月 12 日。

［13］刘宁宁：《基于经济下行压力的徐州产业转型对策研究》，《经济研究导刊》2016 年第 22 期。

［14］金碚：《关于"高质量发展"的经济学研究》，《中国工业经济》2018 年第 4 期。

［15］周靓：《"后资源型"城市发展转型研究——以徐州为例》，《中国市场》2017 年第 8 期。

第九章

辽宁阜新转型经验研究

张　静[*]　李　娜^{**}　李荣杰^{***}

辽宁阜新被国务院认定为全国第一个资源枯竭型城市，经过十多年持续的经济转型发展，阜新由过去单一的煤电之城，逐渐彰显出三大支柱产业清晰、多个产业跟进的后发优势。总结阜新转型之路，有以下几点经验可供借鉴：一是紧抓时机，以产业转型带动经济转型；二是因地制宜，切实挖掘资源优势；三是对外开放，以项目注入推进经济转型；四是培育市场主体，提高转型活力；五是改善环境，构建资源生态机制；六是政府主导，部门配合，共同推进。形成的启示主要有：一是选好转型时机，紧抓转型机遇；二是利用资源优势，构筑多元化产业格局；三是完善体制机制，激活民营经济；四是政府主导，规划先行，部门配合。

2001年12月28日，辽宁阜新被国务院正式认定为全国第一个资源枯竭型城市。从此，阜新开始了探索中国特色的转型"突围"之

---

　* 张静，博士，山西财经大学资源型经济转型协同创新中心，讲师、硕士生导师。

　** 李娜，山西财经大学资源型经济转型发展研究院，硕士研究生。

　*** 李荣杰，博士，山西财经大学资源型经济转型协同创新中心，讲师、硕士生导师。

路。2008 年 3 月，在国家发改委公布的首批 12 个资源枯竭型城市中，阜新被确定为资源型经济转型试点城市。经过多年的经济转型发展，阜新由过去单一的煤电之城，逐渐彰显出三大支柱产业清晰、多个产业跟进的后发优势，成功转型。

一 辽宁阜新经济社会发展概况

辽宁阜新名称源于"物阜民丰，焕然一新"，其地面和地下资源丰富。1890 年，当地人发现了大量的煤炭资源，促使外来人口大量涌入。据悉，阜新探明有 38 种矿藏，矿产地 228 处，其中煤的储量较大，资源储量达 10 亿多吨。石灰石、珍珠岩、膨润土、花岗岩的储量也十分丰富，萤石、硅砂、沸石的储量居辽宁之首，黄金储量尤其可观。1913 年，阜新成为中国最大的煤炭生产地之一，聚集了 19 家煤炭公司，共 3000 多名矿工。到了 20 世纪 60 年代，中央将苏联的资本和技术注入辽宁，阜新、抚顺和鞍山等煤矿城市被重点扶持。1949—1976 年，阜新生产了近三亿吨原煤，约占 1949—2016 年全国煤炭总产量的 65%。阜新"因煤而立、因煤而兴"。"一五"期间，国家的 156 个重点项目中在阜新安排了 4 个能源项目，奠定了阜新煤电工业的基础。阜新是共和国最早建立起来的能源基地之一[1]，曾经拥有亚洲最大的露天煤矿——海州露天矿和亚洲最大的发电厂——阜新发电厂，被称为"煤电之城"。1960 年版伍元人民币背面和 1954 年版的邮票都以海州露天煤矿电镐为图案，印证了阜新昔日的辉煌。

然而，随着资源的大规模开采，阜新也无法摆脱资源型城市面临的一个共同生命逻辑和难题——得之于资源开发，失之于资源枯竭。1978 年的改革开放成为阜新的经济拐点。当地人受益于并长期依赖"大锅饭"体制，不愿接受市场经济改革。如阜新的垄断企业阜新煤矿，在财务上负担过重，不仅要向工人（以及退休工人）支付可观的薪水，还要给工人家属提供强制性的社会福利（如子女教育、住房、医疗等）。面对 90 年代以来不断枯竭的本地煤炭资源，阜新选择开采新的矿井，以此来增加煤炭的产量，而不是进行改革。

1996—2000 年，阜新 GDP 年均增幅仅为 2.1%，低于全国平均水平 6.2 个百分点。当地经济结构单一，全市工业产值中煤电工业占了 76%。2001 年 3 月 30 日，伫立在阜新大地上的东梁矿、平安矿、新邱露天煤矿经国务院批准实施全面破产。2002 年 4 月，亚洲第一大露天矿——海州矿因资源枯竭而申请破产。阜矿集团有 23 个矿井相继关闭，12.9 万产业工人相继下岗，占职工总数的 28.8%；19.8 万城市居民生活水平处于最低生活保障线以下，占城市人口的 25%。昔日让人自豪的产业，却成了最大的"伤疤"。面对日益低迷的经济以及持续的社会问题，恰逢阜新被国务院认定为第一个资源枯竭型城市，阜新开启了二十年的转型之路。

经过多年的艰难探索，阜新取得了骄人的成绩，实现了成功转型。2017 年，阜新确立了工业"344"产业布局，大力实施《中国制造 2025 辽宁行动纲要》，装备制造、农产品加工、能源三大支柱产业占全市工业比重达到 70% 以上。地区生产总值 421.7 亿元，比 2016 年增长 0.5%。其中，第一产业增加值 101.4 亿元，增长 3.0%；第二产业增加值 110.3 亿元，下降 4.6%；第三产业增加值 210.0 亿元，增长 2.3%。阜新被命名为国家新能源示范市，经济开发区晋升为国家级高新区，省中小微企业创业基地、新型材料产业基地晋升为省级开发区。[2]

二 辽宁阜新转型过程及经验介绍

（一）紧抓时机，以产业转型带动经济转型

1985 年 12 月 12 日，时任阜新市委书记的马波以一封公开信的方式，发出了转型的呼唤。他说，按照煤炭企业的发展规律，阜新矿务局在 20 年后将进入萎缩期，如果现在不迅速采取有效措施把其他工业发展起来，阜新 20 年后将陷入严重的困难。而马波的信在当时没有得到重视，相当多的阜新人还在强调自己的资源优势，沉浸在"煤电之城"的辉煌里，最终没能抓住 20 世纪 80 年代产业成熟时转型的最佳时机。实践的发展印证了马波的话，早在 2000 年，还没到马波说的 20 年后即 2005 年，阜新就已陷入全面困境。阜新虽然没有抓住最佳时机，但是抓住了被国务院确立为转型试点市的千载难逢的有利时机，成功转型，获得了"新生"。

在转型实践中，阜新市牢固树立"工业强市"理念，实施"产业转换＋产业延伸"复合模式，着力推进工业转型升级，加快发展四大优势产业。一是从推进农业供给侧结构性改革入手，充分利用阜新农业资源丰富和农产品加工产业基础优势，逐步实现由初级加工向精深加工转变。大力发展现代农业，培育食品及农产品加工业，努力将该产业发展成为城市经济新的主导产业。促进农产品加工、印刷包装、冷链物流等关联企业集聚发展，努力打造东北重要的农产品加工供应基地。培厚农业土壤，去旧育新调整种植业结构，优化产业布局，把农业生产能力转化为农产品加工能力和品牌影响力，现代农业和农产品加工业不断发展壮大，走上绿色转型之路。二是改造提升装备制造及配套产业。立足现有基础，在汽车及关键零部件、石油及矿山机

械、农用机械、节能环保等领域做大做强现有企业，加快新产品开发步伐，扩大电力、高铁、军工的配套规模。集聚创新要素资源，突破核心技术，加快科技创新成果转化速度，推动产业发展，引领装备制造及配套产业向中高端迈进，努力打造东北重要的高端装备制造配套产业基地。三是优化发展能源产业。引导火电企业转型转产，加快推进风电、光伏、生物质能发电等新能源项目建设，争取列入国家陆相盆地页岩气示范区，推动新能源示范市建设迈上新台阶。重点推进页岩气勘探开发利用，发展 50 万千瓦风电 + 清洁供暖及 50 万千瓦光伏领跑者等一大批重点项目，努力打造东北重要的新型能源供应基地。四是加快发展化工产业。重点推进大唐煤制气生产装置调峰项目，拉长和拓宽产业链，向下游产业延伸，建设全国重要的"煤化工示范基地"。稳步提升基础氟化工原料供给能力，完善和延伸氟化工产业链，加强产学研协作，建设全国重要的"氟化工之都"。

"十五"期间，阜新把发展农产品加工业确定为接替产业，引进和培育了一批农产品加工龙头企业。"十一五"期间，阜新确定了建设"三大基地"（全国重要的食品及农产品加工供应基地、新型能源基地和煤化工产业基地），重点发展"六大产业集群"（皮革加工产业集群、液压装备产业集群、板材家具制造产业集群、铸造产业集群、氟化工产业集群和新型材料产业集群）的发展思路，使阜新"一煤独大"的单一产业结构得到调整，多元化产业发展格局初步形成。"十二五"期间，阜新继续推动产业转型，工业多元化产业格局基本形成，装备制造、农产品加工、能源三大支柱产业增加值占工业增加值的比重为 75.7%，液压装备、氟化工、皮革加工等重点产业集群规模扩大、质量提升、平台完善。服务业增速高于经济发展增速，集聚区初具规模，金融、旅游、电子商务等现代服务业加速发展。200 万亩现代农业示范带全面铺开，"畜牧业强市"战略深入实施，新增节水滴灌 195 万亩。在全国同类资源型城市转型绩效考核中位居第二。[3]

2017 年，阜新确立了工业"344"产业布局，大力实施《中国制造 2025 辽宁行动纲要》，装备制造、农产品加工、能源三大支柱产业占全市工业比重达到 70% 以上。沈阜 200 万亩现代农业示范带初步建成，示范带内 76.3 万农业人口人均增收 8655 元；"畜牧业强市"战略深入实施。服务业对经济的拉动作用增强，新增上市企业 2 户、金融机构 20 家。2017 年，阜新被纳入国家产业合作与转型升级示范区规划，清河门区列入国家采煤沉陷区综合治理试点，新邱区列入国家新增独立工矿区改造搬迁资金支持范围。[2]

目前，阜新已形成了以三大产业为支柱、以十个重点产业集群为核心的现代产业格局，打造了中国"煤化工之都""液压之都""氟化工之都""玛瑙之都"等多个城市产业名片。

（二）因地制宜，切实挖掘资源优势

1. 依托煤炭资源和技术优势，拉伸产业链条，大力发展化工产业

转型开始以后，阜新依托自身在煤炭开采领域的已有技术，深部找矿，使年煤产量维持在 1000 万吨，为转型赢得了时间。与此同时，充分利用海州露天矿关闭破产企业的技术、装备和人才优势，对内蒙古白音华煤田进行了开发。在此基础上，阜新充分利用蒙东地区丰富的煤炭资源和自身的煤业基础，拉长煤炭产业链，发展煤化工产业。2018 年，总投资 245 亿元的大唐煤制天然气项目全面复工，投资 35 亿元的中新能化化工项目启动建设；页岩气陆相示范区列入国家规划，阜页 1 井压裂产气。

2. 立足土地资源优势，发展现代农产品加工业

农业是土地密集型产业，对气候的要求较高。阜新人均耕地 5.6 亩，是全国人均耕地面积的 4 倍，人均耕地、平地、草地均居辽宁省

第一。阜新属大陆性季风气候，日照充足，有利于农作物生长，适宜发展农业。从国际来看，一些国家把现代农业作为主导产业，已成为非常富有的国家。荷兰大力提高农业劳动生产效率，在 20 世纪末农产品净出口额超过美国而高居世界第一，成为世界上经济最发达的国家之一。丹麦以现代农业立国，芬兰是世界上的现代林业强国。从国内来看，中央一直高度重视农业，又在 2006 年年底把发展现代农业作为新农村建设的首要任务。阜新转型之初，将发展方向转向农业，形成了"公司＋基地＋农户"的产业模式。从 2013 年开始，阜新市深入推进农业供给侧结构性改革，强力推动 200 万亩现代农业示范带建设。2014 年，阜新开创性地吸纳 103 亿元社会资本注入现代农业，现代农业成为其转型的一大抓手。鲁花、中粮、伊利等龙头企业纷纷到阜新建厂，农产品加工在阜新产业结构中的比例节节上升。阜新通过"保姆式"服务帮助龙头企业做大做优做强，以此带动、培育农产品加工企业发展，在全市逐步形成畜产品加工业产业链条、油料加工产业链条、果蔬深加工产业链条、粮食精深加工产业链条。截至 2017 年，沈阜 200 万亩现代农业示范带初步建成，示范带内 76.3 万农业人口人均增收 8655 元。逐步把生产能力转化为农产品加工能力，把产品变成商品，把资源优势变成产业优势。

3. 依托风能资源优势，发展风电产业

阜新地处辽北丘陵地带，属于风能丰富带。各类风能指标都在三级以上，大大高于全国平均水平，有利于发展风电。转型以来，依托风能优势，风电项目发展迅速。2010 年年底风电装机容量累计完成 167.5 万千瓦，预计到 2020 年将成为辽宁省唯一的千万千瓦级风电基地。近年来，阜新新能源产业快速发展，形成了风电、光伏发电等新能源产业。2018 年，风电、光伏总装机容量达到 236 万千瓦，占全省总量的 30%。

4. 依托玛瑙优势，打造"世界玛瑙之都"

除了煤炭开采、现代农业和风能之外，阜新利用丰富的玛瑙资源发展特色产业，经过几年的发展，基本确立了全国玛瑙加工中心、集散中心、信息中心、文化中心的战略地位。2013 年，阜新被中国工艺美术协会授予全国唯一的"中国玛瑙之都"荣誉称号；2016 年，世界手工艺理事会正式授予阜新"世界玛瑙之都"荣誉称号。多年来，先后规划建设了阜新十家子玛瑙集群工业园、十家子玛瑙城、太平区玛瑙城、鑫维玛瑙宝石城、高新区玛瑙精品加工基地等基础设施项目。玛瑙产业基础设施用地已达 2300 亩，总建筑面积近 10 万平方米，累计投资达 6 亿元。已形成"一区两地"的产业发展格局，即阜蒙县十家子玛瑙产业集聚区、太平区玛瑙产品展销基地和细河区玛瑙文化艺术品创作生产传承基地。目前，阜新有玛瑙厂家、业户 5500 余家，从业人员达 6 万余人。已成功举办了十一届中国·阜新玛瑙博览会。阜新玛瑙作品在国家级、省级大赛中每年获得奖项达 200 余项，并有多件作品问鼎中国玉雕最高奖项"天工奖"金奖。

（三）对外开放，以项目注入推进经济转型

阜新坚持以项目注入推进经济转型，在抓项目上狠下功夫，通过开放新增项目和自身培育项目，上下联动，内外互动，扎扎实实以项目建设推进经济转型。

1. 坚持对外开放，加大招商引资

把握国内沿海地区产业转移和发达国家（地区）产业转移趋势，招商引资、扩大合作、吸引项目，设计了招商引资"六大载体"和"十四条渠道"，高层推动、民间交流、内引外联，促成了一批重大合资合作项目，一批知名龙头企业落户阜新。"十一五"期间，累计招商引资 383 亿元，是"十五"时期的 2.9 倍。近年来，阜新积极参与

"一带一路"建设,国际贸易快速发展,辽宁工大与俄罗斯等国家的高校、科研机构及企业合作不断扩大,阜新成为中蒙俄、辽蒙欧两大通道上的重要节点城市。加快融入沈阳经济区和京津冀协同发展,与江苏盐城合作共建环保产业园,与新疆生产建设兵团八师石河子市合作领域不断拓宽。阜新国家高新技术产业开发区纳入辽宁自贸试验区协同发展序列,落地复制上海等自贸试验区改革创新措施21项。狠抓"双招双引",三河新材料等88个项目签约落地,2018年内资到位85亿元。大力发展"飞地经济",乡镇引进项目55个。成功举办农产品加工、硅砂、煤层气等高峰论坛。2018年新增出口企业14家,外贸出口总额19亿元,增长21.8%,增幅居全省第二。[4]

2. 以科技创新为导向,积极争取国家项目

阜新以科研为中心,把技术创新作为拉动项目的第一战略,先后与中国农科院、清华大学等20多家高校和科研院所开展多领域、多层次的科技合作,促进本地企业科技创新、产品创新和管理创新,促进技术升级和设备更新改造。与辽宁工大共建科技创新产业园,20家企业加入产学研合作联盟。引进高学历人才200人,新增院士和专家工作站11家。科技部在阜新设立了13个现代化农业科技专项,在阜新国家农业科技园区建立了10个农业科技研发中心,中国科协确定阜新为全国挂靠科技推动经济转型与振兴试点城市,促成了一批科技项目的对接。依托传统煤电资源开发技术优势加快推进海州立井、五龙、艾友的改扩建工程,实施内蒙古白音华煤田开发项目,扩大装机容量,发挥阜新坑口电厂优势,实施煤电联产,大力推进一批电力工业项目开发。依托风能资源优势,规划实施百万千瓦风力发电项目,其中华能新能源50万千瓦风电场项目列入国家规划。

3. 构筑地方工业优势产业群,保障项目落实

阜新项目建设的最后落脚点是依靠自身构筑地方工业优势产业

群，围绕发展优势特色产业，规划建设了一批园区，为扩大对外合资合作、引进培育项目搭建了平台。发展北派服饰特色产业，建设服装工业园区；发展新型电子元器件特色产业，建设电子工业园；发展装备制造配套特色产业，通过阜新橡胶厂与日本三井物产株式会社、横滨橡胶株式会社合资建设高强力输送带生产线，建成全国最大的高强力输送带生产基地；发展新型建材业，依托阜新硅砂岩资源丰富的优势，以阜新光亚平板玻璃有限公司、恒瑞玻璃有限公司为龙头建设玻璃工业园区。

（四）培育市场主体，提高转型活力

阜新转型，坚持按照市场经济的要求来运作，以企业为主体，转变政府职能，努力培育服务型政府，将政府工作重点放在完善市场机制、优化营商环境、拓宽融资渠道和创造就业机会上。

1. 加快国有企业转制

以产权制度改革为核心，通过挂靠联合、产权招商、股份制改造等形式，推动国有企业进入市场。5 年内累计完成国有工商企业转制 180 家，截至 2018 年，七年累计完成各类国有企业转制 326 家，地方正常生产经营的一般性国有工业企业基本退出国有序列。按照能转则转、能股则股、能售则售、能破则破的原则，缩小国有经济在全市经济总量中的比重。

2. 大力发展民营经济

走"以小为主，以多取胜"的路子，放心、放手、放开发展民营经济的同时，加大对民营经济的扶持力度，让民间资金尽可能多地转化为经营资本。阜新积极引导和鼓励民营企业增加投入，参与国有企业改制改组，不断扩大规模，增强实力。

3. 持续优化营商环境

深入实施"放管服"改革，取消调整一批行政审批事项，有效降

低制度成本。开发并投入使用"互联网＋政务服务"平台。实施"证照分离""多证合一"改革。2018 年，新增市场主体 2 万户，增长 37%。持续优化营商环境，制定《优化营商环境条例》，开展"办事难""纠四风"专项整治，2018 年共取消调整各类证明 253 项，运行政务便民服务平台 8890 个，一般性经营企业开办时间压缩到 3 个工作日。

（五）改善环境，构建资源生态机制

1. 突出生态环境建设，推动城市全面发展

阜新积极贯彻国家退耕还林政策，实施"林业二次创业"，设计实施了退耕还林、"三北四期"造林、绿色通道、防沙治沙、农田林网、矿区绿化和村屯绿化等一系列工程。突出封山育林、科学造林。"十二五"期间，细河综合治理"543"工程全部完工，启动全流域生态综合节点项目，新增湿地 15 万平方米；回填废弃井 10 座、削坡平盘工程量 200 万立方米、植树 1.5 万株；200 万亩经济林工程建成，全市累计植树造林 352.7 万亩，森林覆盖率为 32.5%，城区绿化覆盖率为 43.1%；草原沙化治理 24 万亩，人工造林 28.5 万亩，新增城市绿地 28.8 万平方米；主城区空气环境综合整治成效明显，清理整治露天煤场 155 家。"十三五"期间，阜新继续不遗余力改善城乡环境。2017 年，累计人工造林 203.7 万亩，城区绿化覆盖率达到 41.1%；草原沙化治理 72 万亩；海州露天矿灾害治理 5000 万欧元德国贷款获批；高德矸石山综合治理等生态项目竣工；细河全流域治理提升、城市防汛"1＋3"、宜居乡村等重点工程稳步推进。

2. 进行生活环境建设，实施棚户区改造、沉陷区治理

阜新共有 13 个采煤沉陷区，面积达 101.38 万平方米，涉及 28733 户矿区居民。2002 年之后，阜新在国家大力支持下，实施采煤沉陷区治理工程。工程总投资 11.8 亿元，新建 5 个楼房小区和 5 个平房小区，总建筑面积达 92.9 万平方米，有 18333 户采煤沉陷区居民得到搬迁安置。制定和实施阜新市重大地质灾害治理规划，对采煤沉陷区分不同情况采取不同办法，明确责任，建立长效机制。制定阜新市生态环境恢复规划，对阜新人工降雨和灌溉水源工程建设予以重点支持，将中水回用、矿井水综合利用等项目列入中央预算内专项资金计划进行支持。在中央预算内资金中安排专项，对阜新老矿区和破产矿区的居民生活区的道路、供水、排水、供暖和供气等基础设施进行改造。对原中央下划煤矿企业棚户区改造实行特殊政策，采取国家补助总改造费用的 55%、辽宁补助 15%、阜新免收各种费用并负责提供建设用地、其余由棚户区居民负担的办法加以解决。截至 2018 年年底，棚改腾空地利用率达到 60%。

3. 进行矿区环境建设，加强土地复垦、矿坑治理

结合采煤沉陷区治理和棚户区改造，加强城市矿区基础设施建设，改善广大煤矿工人的生活环境。实施矿区生态环境治理工程，启动海州矿排土场、新邱东排土场和西排土场复垦项目等矿区矸石山复垦治理工程。启动海州露天矿综合治理工程，曾经因煤而兴的海州露天矿 2005 年宣告破产，同年 7 月，矿山公园开工建设，2009 年 7 月开园，成为全国首批国家矿山公园之一。

（六）政府主导，部门配合，共同推进

阜新转型是在中央政府、地方政府等共同努力下实现的。中央政府对阜新转型给予大力支持。一是由国家计委牵头，成立由 16 个中央部委参加的辽宁阜新经济转型协调工作小组，专门协调处理试点工作中的有关问题和进行宏观指导。二是国家在转型试点之初为阜新确定了 23 个重点转型项目，帮助其解决历史遗留问题、恢复生态体系、推

进产业转型。批准在阜新设立国家级的农业科技园区，并给予相应的优惠政策，同时支持阜新14个资源枯竭煤炭企业的破产计划，为沉陷区治理提供资金支持。三是国家发改委主动协调华能集团等风电企业到阜新进行大型风力发电项目建设，并将阜新列入全国百万千瓦风场规划重点。四是国家发改委在2008年把阜新列入第一批资源枯竭型城市名单，并在中央财力性转移支付资金方面给予重点倾斜。

辽宁省也倾力支持阜新转型。一是把阜新转型试点列为全省"二号工程"，省直各厅局在资金、项目上予以重点倾斜。二是辽宁省委、省政府在2006年专门设立了阜新转型专项资金。三是辽宁省委、省政府在2008年把阜新作为辽宁省"突破辽西北"战略的重点。此外，辽宁省还制定了许多针对阜新的具体优惠政策。

阜新自身更是全力以赴推动经济转型。转型之初做出了《关于加快阜新经济转型的决定》，具体规划了转型的目标、重点、方向和措施。在推动转型的过程中，出台了30多份文件，制定了许多有效的政策。如科研院所等来阜新办实体、搞研究，市政府在资金上给予支持，无偿供应科研用地，免费提供办公地点及办公设备。规定专业不对口的科技人员可以在全市范围内自由流动，任何部门和单位不得设置障碍。

三　对资源型地区转型的几点启示

作为最早的资源枯竭型城市，经过中央政府、地方政府以及企业的多方合作配合，阜新已较为深层次地探索出解决资源枯竭型城市所面临的一系列难题的行之有效的共同方法，创造了"经济转型的阜新方式"：建立多元产业新格局，优化产业结构，把接替产业做大做强，形成独具特色的复合型产业发展模式，实现基地化、园区化和集群化，加强产业对城市发展的支撑作用。资源型地区经济转型是一个世界性难题，在工业化进程中，前有德国鲁尔、法国洛林、日本北九州等，后有美国、英国、挪威等国家，都曾经或者正在面临经济转型及环境、社会等多方面问题。对资源型地区经济转型的研究由来已久，资源型地区迟早都会面临转型的局面，选择主动转型对于区域经济发展来讲至关重要。阜新成功转型对资源型地区提供了如下几方面的启示。

（一）选好转型时机，紧抓转型机遇

推进经济转型，必须善于把握时机，及时推进。资源型地区经济转型要善于抓两种时机，一是最佳时机，二是有利时机。有利时机包括政策时机和形势时机。对于煤炭资源型地区来说，抓最佳时机，就是要在资源型产业成熟阶段着手转型，不要等资源枯竭了再转型。一般来说，产业的发展有一个成长和衰退的过程。在产业成熟阶段启动转型具有较大的主动性：一方面，原有资源产业有做大做强的深化发展空间；另一方面，这时也是资源型地区财力强盛的时期，可以结合资源型地区现有的产业基础与发展趋势，选择和培育对整个资源型地区的区域经济发展具有带动作用的非资源主导产业。如果在产业衰退以后才启动转型，在此情况下，原有资源产业已经衰退，新兴产业还没有成长起来，就会出现产业断裂局面，造成经济"塌陷"，转型必然艰难。

阜新在转型过程中，由于各种各样的条件约束，也曾经错过最佳的转型时机，导致经济严重下滑，社会问题突出，却无力反抗。然而，随着2001年国务院正式认定阜新为第一个资源枯竭型城市，2008年国家发改委发布第一批资源枯竭型城市，阜新紧抓机遇，开启了漫长转型之路。

随着我国工业化进程的不断推进，大多数资源型城市已经错过了转型的最佳时机，应该利用好当前经济进入深度大调整的时机，深入分析自身优势与劣势，主动抓住政策机遇，先行先试，大胆尝试，改革创新，走一条符合自身发展的特色之路。

（二）利用资源优势，构筑多元化产业格局

阜新转型启动顺利还在于其能够因地制宜，坚持用市场导向、资源导向、信息导向、人才导向的原则选择主导产业，发挥优势，体现自身特色而不是一味追求高新技术产业。首先，根据自身特色，选择现代农业作为其主导产业之一，坚定步伐，集中精力搞好农业示范区建设，拉伸农业产业链条，增加农业产业科技含量，体现地域差异特色，将农业产业做大做强。其次，利用本身的煤炭资源开采优势，拉伸煤炭产业链条，进行下游产业技术升级，延长煤电产业的生命周期，大力发展煤化工产业。最后，利用风能、玛瑙等特色资源，在主导产业形成之余，形成多元化的产业格局。

我国有众多资源型城市或地区，其资源优势各不相同。比如山西省，其历史悠久，地大物博，在丰富的地下资源之外，拥有极其丰富的地上资源。"五千年历史看山西"不是一句空话。然而，多年发展煤炭经济，使山西错过了最好的文化旅游产业发展时机。"全力打造文化旅游战略性支柱产业"是山西省"十三五"期间的重要战略目标与任务，山西省省长楼阳生在 2017 年《山西省政府工作报告》中指出，"要按照全域旅游理念，立足黄河、长城、太行独有的山水风光禀赋和历史文化底蕴，在继续做优做强五台山、云冈石窟、平遥古城等旅游品牌基础上，按照黄河、长城、太行三大板块设计定位、文化内涵和地域特色……推动壶口瀑布、太行山大峡谷八泉峡、洪洞大槐树等景区创建国家 5A 级旅游景区，创建一批 4A 级精品景区……"。

然而，规划先行没有错，但要将其落到实处，切实将文化旅游产业打造成为山西省战略性支柱产业仍然任重而道远。

李克强总理来山西考察时强调，山西有两座富"矿"，有形的是得天独厚的地下煤层，无形的是行走天下的晋商精神。他更提出，诚信进取的晋商精神是山西人的品德，也是华商精神的精髓。晋商凭借"重商立业、诚信义利、开拓进取、同舟共济"的晋商精神，曾经缔造中国金融业的辉煌，走出茶叶之路。这是一笔取之不尽、用之不竭的宝贵财富。山西当前要挖掘好晋商精神这座取之不尽、用之不竭的"富矿"。晋商精神的发掘、弘扬与传承，是现代山西人的历史使命，也是社会各界人士的共同责任。

此外，煤炭资源仍然是山西省的战略性资源，转型不代表停止发展煤炭产业，而是要延伸煤炭产业链条，提升煤炭产业技术优势，增加循环经济元素，将煤炭产业发展成为国际国内一流的产业体系。

因此，各地区应当利用好当地资源，而不是一味地追风、跟风，这是经济转型中产业格局形成的重要保障。

（三）完善体制机制，激活民营经济

当资源型城市的资源型产业度过黄金岁月，进入生命周期的衰退期时，产业及其企业的历史包袱会非常沉重，生产经营成本加速上升，许多企业将不堪重负、亏损严重，甚至会跌落到破产的边缘。所以，为了实现资源型城市的良性循环和可持续发展，需要建立资源开发补偿机制和衰退产业援助机制。阜新认真借鉴国外同类城市的做法，积极争取国家和省里支持，初步建立了两个机制，为阜新转型的最终成功奠定了基础。

与阜新相同，资源型地区往往会形成典型的资源依赖型产业格局。一方面，保护资源责任重大，环境问题刻不容缓，需要对资源型

行业进行适当限制；另一方面，经济增长迫在眉睫，就业形势严峻，需要积极发挥产业优势。这形成了资源型产业发展的困局。以山西为例，为了保护资源，提高煤炭资源利用效率，山西省于2008年开始进行煤炭资源整合，形成了典型的国有经济主导特征，随着经济转型的不断推进，国有企业改革迫在眉睫，然而，尾大不掉、负担过重等问题长期存在，甚至可能由此引起社会稳定等问题，需要各级政府痛下决心，解决好国有企业改革问题，使国有企业承担其应有的使命。

民营经济的活力，是市场经济发达程度的重要标志。而国有经济天然的使命感和低效率，又使得经济转型面临新的困境。比如，山西有最先进的太钢集团，却未生产出最好的不锈钢产品；有最优质的耐火材料，却无法形成先进的产业链条；有最优质的农业资源，却未形成有影响力的品牌……诸如此类，一方面是由于企业创新不足，另一方面也是因为机制不够健全，营商环境不够优化，无法激活民营经济活力。因此，应当进一步完善体制机制保障，延伸产业链条，提高产业科技含量，把每个产业做精做细。优化营商环境，激活民营经济，集中打造有影响力的品牌产品，是资源型经济转型的重要任务。

（四）政府主导，规划先行，部门配合

资源型城市经济转型是一项长期事业，必须从长计议，既要脚踏实地、扎扎实实苦干，又要有切实可行的中长期发展规划，明确方向，制定符合当地实际情况的发展纲要，长期目标与短期目标相结合，防止"头痛医头、脚痛医脚"的短期行为。经济转型是一项长期而艰巨的任务，从阜新以及其他国内外资源型城市经济转型的模式来看，对于资源型城市来说，通过国家和地方政府的专门部门来协调转型是成功的重要保证。德国、法国政府在推动老工业区重振过程中的

重要经验是从中央到地方均有从事老工业区重振工作的专门机构，拥有一批专业性很强的队伍，各级政府在老工业区重振工作中的分工明确。如法国，中央政府负责提供援助资金，作为中央政府派出机构的各区政府负责规划的制订和组织实施，省政府负责土地整治以及社会事业，市政府的工作重点是社区公共服务；德国在联邦经济部设立联邦地区发展委员会和执行委员会，州政府设立地区发展委员会，市政府成立劳动局和经济促进委员会等职能部门，负责老工业基地的综合协调。同时，无论哪一种模式，规划先行的常规轨道都是值得借鉴的。阜新在转型过程中，一方面，坚持政府主导，由政府成立专门领导部门，先完成规划工作，并进行基础设施、生态环境、投资环境、市场环境的营造等；另一方面，形成国家、省、市、区、村镇的转型领导体系，国家和省从政策上、资金上给予扶持，是阜新得以成功转型的重要保障。

阜新作为新中国成立之后的第一个资源枯竭型城市，经过国家、省政府多年的积极支持、配合，以及市政府自身的努力，在长达十多年的艰苦奋斗之后，迎来了转型的全面突破。然而，转型是一个长期存在的持续性任务，伴随经济发展的整个周期，抓好机遇，因地制宜，利用资源，政府主导，规划先行，机制保障，是每个城市转型的基本选择。

参考文献

［1］ 中共中央党校课题组：《探索破解资源型城市转型发展难题——辽宁阜新模式调查》，《经济研究参考》2008 年第 34 期。

［2］ 《2017 年阜新市政府工作报告》，http://www.fuxin.gov.cn/fx/fxxw/fxyw/content/ff80808160f5951e0160fd7e7a061a25.html，最后访问日期：2019 年 5 月 8 日。

［3］《2015 年阜新市政府工作报告》，http：//www. fuxin. gov. cn/fx/zwgk/gzbg/content/
ff80808151c7772d01527b96d964737a. html，最后访问日期：2019 年 5 月 8 日。

［4］《2018 年阜新市政府工作报告》，http：//www. fuxin. gov. cn/fx/zwgk/gzbg/con-
tent/％7Bdi％7D. html，最后访问日期：2019 年 5 月 8 日。

第十章

云南东川"矿竭城亡"的教训及启示

阎　晓[*]　周　晋^{**}

　　云南东川是我国第一个"矿竭城亡"的实例，其经验教训对我国其他资源型城市转型发展具有重要启示。本章在回顾东川"矿竭城亡"历程的基础上发现，产业结构严重失衡、企业精进意识缺乏、区际联系严重受制、高水平人才匮乏、官员政绩观不正、转型思路不开阔等是其"矿竭城亡"的关键原因。其他资源型城市应引以为戒，打破产业结构单一局面，构建多元产业格局；充分发挥市场机制作用，焕发企业活力；构建现代综合交通运输体系，打破区际联系瓶颈；完善人才引育留用机制，集聚多元产业人才；转变官员政绩评价方式，形成城市长效发展机制；打开思路，敢破敢立，拓宽转型路径。

　　云南东川铜矿资源丰富，素有"天南铜都"之美誉。新中国成立后，东川依铜矿设立地级市，成为我国六大产铜基地之一，为国家经济建设做出了巨大贡献。后因铜矿资源枯竭，城市破败衰落，最终撤

---

　*　阎晓，博士，山西财经大学资源型经济转型发展研究院，讲师、硕士生导师。
　**　周晋，山西财经大学资源型经济转型发展研究院，硕士研究生。

市改区。因铜设市,又因铜撤市,东川成为我国第一个"矿竭城亡"的实例。作为典型的资源型城市,东川因未能主动、适时、合理转型而走向衰败境地,其失败的主要原因和经验教训对当前我国资源型城市转型具有深刻的启示和警诫意义。

一 东川概况

东川位于云南昆明最北部,东邻会泽,南接寻甸,西靠禄劝,北连巧家,与四川会东县隔金沙江相望,距离昆明市区约140公里。它地处云贵高原北部边缘,境内海拔悬殊,山高谷深,坡陡流急,自然环境恶劣。受特殊地形地貌、地质构造和极端气候影响,地震和泥石流灾害频发,是全国泥石流爆发频繁、类型齐全、规模巨大的地区之一。东川矿产资源丰富,具有比较优势的矿种有铜、磷、铁、黄金、铅锌、河沙、汉白玉、墨玉和石灰石等。其中,铜矿资源尤其丰富,铜矿开采历史可追溯至西汉时期,采、冶、铸历史悠久,铜文化底蕴深厚,是名副其实的"钱王故里"和"滇铜京运第一镇"。东川旅游资源也非常丰富,呈现多样性、立体性、变异性等特点,拥有轿子雪山、东川红土地、牯牛寨山等著名景点,天然泥石流景观具有独特的科研和旅游考察价值。

新中国成立后,东川的行政级别几经调整。1954年,东川矿区人民政府设立,由云南省直辖。1958年,经国务院批准撤销东川矿区人民政府,设立省辖地级东川市(下文简称为"原东川市")。然而,随着铜矿资源的耗竭,东川经济陷入极端困境。1998年年底,国务院批准撤销地级东川市,设立昆明东川区。东川行政级别从地级市降格为昆明市下辖县级区,成为全国第一座因资源衰退而撤市设区的城市。

目前,东川是云南省昆明市的一个区,土地面积1858.79平方公里，下辖1个办事处、6个镇、1个乡。人口约30万人，少数民族彝族、苗族、回族、布依族世居于此，约占总人口的5%。2017年，东川地区生产总值为91.87亿元，一、二、三次产业比为6.93:42.53:50.54。[1]这里铜矿资源丰富，虽然已经历两千多年的开采冶炼，但近年通过成矿预测研究和勘查发现了新矿脉。目前，东川区仍是我国六大产铜基地之一，铜的地质储量仍排全国第二位，精矿含铜量排全国第三位，在我国有色金属行业及经济发展中仍具有重要地位。[2]

二 东川"矿竭城亡"历史回顾

新中国成立至1958年，是原东川市的酝酿及设立阶段。早在第一次全国有色金属会议上，东川铜矿就被列为全国重点勘探单位之一，由重工业部直管。随后，东川铜矿开发计划被列入《中华人民共和国发展国民经济的第一个五年计划》，成为全国156个重点项目之一。1952年年底，经西南军政委员会批准，东川矿务局正式成立。1953年，重工业部提出"全国支援东川"，调集大批干部、工程技术人员、退转军人和工人赴东川开展万余人大规模地质勘探，史称"万人探矿"。1958年10月20日，经国务院批准，撤销东川矿区人民政府，改设地级东川市，下辖东川、会泽两地。由此，东川成为当时全国人口数量、土地面积和建成区面积最小的地级市，也成为因矿设市的典型案例。

20世纪60年代至80年代中期，原东川市铜精矿采选规模不断扩大，一企独大、一业独大特征突出。1964年，本着"一切为矿山服务、全力发展铜业"的目标，会泽县从原东川市分离出来归入曲靖。这一行政调整，带走了会泽铅锌矿和以礼河电厂两个重要企业，东川矿务局"一企独大"。然而，受当时计划经济体制影响，东川矿务局作为云南铜业集团的下属单位，一直只负责铜精矿开采，下游的冶炼和加工等高附加值产业都被安排到了东川以外的地区[3]，采铜业"一业独大"。

80年代末至90年代中后期，铜矿资源日渐枯竭，东川经济陷入困境。随着铜矿资源的不断开采，各矿区矿石品位逐渐降低，东川矿务局不得不转向高成本的深部开采。生产成本上升，再加上长期承担办社会、办福利等职能，东川矿务局负重前行。90年代后期，东川矿务局铜精矿产量越大，亏损就越大。1997年铜价大跌，东川矿务局更是雪上加霜，难以为继。[4]与此同时，原东川市各项经济指标也逐渐滑落，甚至跌至云南省各地（州、市）的末位[5]，一度成为全国唯一的地级贫困市。

1998年年底，东川从地级市正式降格为昆明市的一个区，"矿竭城亡"。经过几十年的掠夺式开采，原东川市铜矿资源出现枯竭，唯一支柱产业——铜精矿开采业难以为继。同时，由于长年累月的铜矿开采，东川矿山变成了采空区、塌陷区或地质灾害隐患区。[6]生态恶化、城市破旧、企业破产、希望破灭的"四破"景象，成为这座城市当时的真实写照。[7]1998年12月6日，经国务院批复，东川正式撤市设区。云南省政府试图通过这样的行政级别调整，减少东川吃财政饭的比例，借助昆明中心城市的经济辐射作用，将东川融入滇中经济圈，带动其发展。[8]

然而，行政降格的做法未能挽救东川，撤市五年后其社会经济仍深陷泥潭。云南省政府对东川行政降格的做法过于简单，对东川未来的发展思路停留在口号上，没有具体量化方案，也没有意识到东川问题的严重程度[9]，以致撤市五年后，东川社会经济问题依旧，产业结构单一、经济发展缓慢、失业率居高不下、人居环境恶劣、社会矛盾激化[8]。2001年年初，东川唯一的产业支柱——国有大型企业东川矿务局宣布破产。为东川矿务局服务的矿山商贸粮食企业,因失去服务对象而无法正常生产经营;金融机构、邮电通信等各类服务性单位,因业务量萎缩不得不纷纷撤离;原矿务局承担的社会职能移交地方政府,致使东川城区本就严重滞后的交通、教育、卫生和水电等公共基础设施不堪重负。2003年东川城镇登记失业率高达40.2%,超越国际警戒线数倍,社会经济陷入谷底。[10]

三 东川"矿竭城亡"原因分析

东川"矿竭城亡"并非某一单一因素所致,而是产业结构不合理、市场化程度低、交通状况落后、体制机制不完善、地方文化单一且依赖性强等多因素叠加、交织的结果。

(一)一业独大,产业结构严重失衡

东川设市后,既未注重非铜产业发展,也忽视了铜产业链条的延伸,最终形成铜精矿开采一业独大的畸形产业结构。一方面,原东川市过分强调城市专业化功能,铜矿资源禀赋被放大,各类行业均服务于矿业。例如,秉持全力发展铜业、一切服务于铜业的态度,1964年云南省对东川进行行政区划调整,将会泽县分离出去,东川两个重要支撑产业——会泽铅锌矿和以礼河电厂随之归入曲靖。[8]这导致铜矿产业在东川经济中占比极高,铜业产值和税收额曾占到全市工业总产值和财政收入的2/3左右。再如,原东川市最重要的经济主体东川矿务局,是围绕铜精矿开采业展开生产经营活动的,其他地方国有企业也大多是为矿山建设配套设立的。另一方面,原东川市未形成围绕铜矿资源的产业链条,处在整个产业链的底端。东川矿务局作为云南铜业集团的下属单位,只负责铜精矿开采。铜产业链条下游的深加工等

高附加值环节则被安排在东川以外的地区。[8]

东川铜精矿开采"一业独大"的产业结构给城市发展带来诸多负面影响。第一，铜精矿开采一业独大，其他行业也都与铜精矿开采有关。当精铜矿开采业衰退时，为之服务的其他企业因失去服务对象而无法正常生产经营，一损俱损，矿竭城衰。第二，铜精矿高度发展，沉淀了大量专用性高、不可重复使用的开采机械和基础设施，资产存量刚性强，高度锁定，转型困难。[4]第三，原东川市长期处在铜产业链底端，资源附加值被转移至区外，自然资源对当地经济贡献较小，城市未形成财富积累，转型资金严重缺乏。

（二）市场经济发育滞缓，企业缺乏精进意识

原东川市经济成分单一、企业数量少，市场经济发育极为缓慢。在原东川市，以东川矿务局为代表的大中型国有企业占比极高，其产值占地区工业总产值的70%以上。[11]而民营企业数量较少，规模较小，且业务上高度依赖东川矿务局。[5]国有企业和民营企业之间未形成市场竞争关系或合作共赢关系，而是形成了生产经营上依附、体制上寄生的生态关系，民营企业多是国有企业的配角。总体而言，经济市场化程度不高。

市场经济发展滞缓最直接的结果就是市场竞争不激烈，进而导致企业缺乏竞争意识、进取精神和发展的内生动力。具体表现在以下几个方面。第一，企业生产工艺落后、技术和设备更新缓慢、生产能力低、生产系统前后不匹配等问题突出。以东川矿务局为例，按设计，因民矿、滥泥坪、落雪、汤丹四座矿山日生产能力为1.29万吨，但由于设计能力偏大、投产时间先后相距较长、资源和生产条件变化等原因，实际采矿生产一直没能达到综合生产能力。1960—1964年，实际生产能力仅为设计生产能力的49%；1965—1977年，实际生产能力仅

为设计生产能力的 34.7%。[11]而且，生产流程劳动强度大、自动化水平低、能源消耗大、装备和技术水平落后。虽然历年来也在进行技术改造，但仅仅是围绕老工艺的"填平补齐"，在技术装备水平、工艺先进程度等方面没有得到根本性改变。加之技改资金和技术力量缺乏，资源的综合利用和新产品、新技术的研发应用明显不足。第二，企业长期亏损运营，对国家补贴依赖性强。随着开采难度和开采成本增加，东川矿务局及其他国企长期亏损。原东川市的 57 个国企中有35 个资不抵债，16 个停产歇业多年，国有企业平均资产负债率高达140%。[11]其中最大的国有企业东川矿务局，在长约 40 年的大规模生产中，有 26 年处于亏损状态，国家补贴后累计亏损 2 亿元以上。[11]

企业全方位落后，再加上长期亏损，长此以往，形成多重锁定效应[12]，企业转型难度大、应对市场冲击能力差。东川矿务局以铜矿开采为主要任务，其他企业直接为其提供产品和服务，区域内企业高度相互依赖，逐渐形成"功能性锁定"，削弱了供应商的市场营销能力。企业一味寻求老技术改进以保持原有地位，技术装备和工艺等未发生根本性变化，形成"技术性锁定"，牢牢锁定在既存技术轨道内。铜矿产业与政府部门间形成固定合作关系，形成"政治性锁定"，致使政府每年拿出巨额资金补贴亏损严重的国企，阻碍了新兴产业的建立与发展。对于东川整个地区而言，多重锁定导致经济运行内生动力不足、结构调整艰难。

（三）交通落后，区际联系严重受制

交通是沟通区域内外的动脉，可以改变区域的自然区位。东川地处云南昆明北部距市区 140 公里处，是昆明进川入渝的北大门，是省际联系的必要通道，自然区位本不算差。但是由于以下三方面原因，东川交通条件十分落后，自然区位优势未能得到发挥。一是地处山区，自然环境恶劣，基础设施建设成本高。二是自 1958 年设市开始，财政收入长期入不敷出，财力不足。三是在当时特定的时代背景下，政府强调先生产、后生活，不注意也不重视城市规划，基础设施建设观念相对淡薄。最终，原东川市与外界的联系仅靠 50 年代修通的"东川—昆明"这条二级公路。而这唯一的一条二级公路路面狭窄、损坏情况突出、弯道很多，路况较差。与云南省其他地市相比，东川交通条件比较落后。

交通基础设施不完善，连接外部的通道未能建立，严重制约了原东川市的经济发展。一是严重制约原东川市与区外的经济联系。不畅的交通条件不利于原材料和产品的输出与输入，增加了运输的时间成本和费用成本。二是抗灾通道不畅。东川是国内知名的地震和泥石流灾害区，仅有一条二级公路与外界连通，掣肘的不单是经济发展，还有抗灾救援等人文关怀。此外，从更深层次上看，交通落后、区际联系较弱影响了东川的开放程度，制约了商品、劳务、资金、技术和信息等各种要素的交流，以及在要素交流基础上形成的关联性和参与性经济行为，以致错失发展机会，发展趋势不明朗。

（四）引育留用机制缺位，高水平人才匮乏

人才是城市的核心资源，更是城市活力的源泉，对城市的发展和转型至关重要。然而，东川建市后，当地政府的关注点从来都不在多元产业人才的培养上，人才引进更是无从谈起，引育留用机制缺位。究其原因，一是铜矿产业属于劳动力密集型产业，对劳动力素质要求不高，所以建市后大量低素质劳动力涌入该市；二是原东川市的师范和中专类院校实行统招统分制度，占据东川人口大多数的农民的子女为了得到工作机会，大多选择了此类院校，致使本地高学历人才缺乏；三是东川录用高校毕业生有门槛限制，企业招收员工必须有下岗

证或失业证，致使许多高校非师范毕业生没有机会参加家乡建设；四是原东川市没有足够的岗位，且工作条件、环境、待遇和机会等与外面的大城市有较大差距，故许多高校毕业生宁可到大城市打工；五是本地财政能力有限，而引进人才成本太高。如此，东川既未培育出高素质人才，也未能吸引、留住高素质人才。

上述人才结构偏畸、人才（特别是高水平人才）缺乏的客观事实，导致东川人力资本知识结构单一、技术含量不高且刚性较强，锁定在铜矿产业领域，难以流动、转变或重组。当东川经济衰退时，对劳动者自身而言，他们难以适应新的岗位，再就业难度大；对城市而言，转型必备的核心要素人才极度缺乏。

（五）政府管理模式欠妥，官员政绩观不正

东川"矿竭城亡"，从某种意义上说是当地政府的破产[3]，折射出当地政府管理不当、行政"软"实力差。不当之一体现为"大政府、小社会"。受特定时代背景影响，原东川市政府长期秉持"重生产规模扩大、轻经济综合发展""重生产、轻生活"的发展理念。原东川市是全国规模最小、人口最少的地级市，人口仅有 29.29 万人，不到全国地级市平均水平的 10%，甚至比一个正常的县管辖人口还要少 1/3。这客观上造成东川形成"大政府，小社会"的管理模式，政府机构设置过多过大，机关和事业单位人员"吃"掉了大量财政收入，而基础设施、工业农业、科教文卫等方面资金投入不足。不当之二体现为城矿关系不顺，经济发展与社会治理割裂。经营企业和经营城市有很大差异。[8]作为企业，可以突出优势进行专业化生产，"做大做强"的战略取向无可厚非。一旦企业没有发展优势了，可以立即关掉。而城市则不一样，城市出现危机政府不能弃城不顾。但原东川市政府长期将经营企业与经营城市混淆在一起，未厘清企业发展、产业

发展和城市发展之间的关系。

东川步入"矿竭城亡",和地方官员政绩观不无干系。受传统考核机制和升迁机制的影响,东川成为"条件艰苦但提升得快"的理想之地。官员们到此"卧薪尝胆"几年,然后平级调动到其他地方就能比同一拨的干部高一级。[13]在升迁利益的吸引下,地方官员形成了"GDP崇拜"、追求短期效益的政绩观。一方面,为了快速显成效,地方官员像经营企业一样经营城市,不断追求GDP的快速增长。[8]虽然官员们在道理上也明白城市的可持续发展十分重要,但还是把目光投向基础雄厚、见效快的铜矿产业,没有为了城市可持续发展而抑制矿业扩张,也忽视了其他产业的发展。另一方面,官员为了追求任期内的短期辉煌,严重缺乏生态理念,追求的仅仅是GDP,而非绿色GDP。地方官员未对过量掠夺式开采活动造成的植被破坏问题给予高度关注,导致失去植被保护的山谷沟壑风吹雨蚀,水土流失面积接近全区土地面积的70%。许多沟谷干季寸草不生,雨季泥汤滚滚、沙石俱下,形成破坏力极强的"泥石流",严重威胁着人民群众的生命财产安全。官员政绩观不正,最终导致地方工作导向发生偏误。

(六) 城市文化单一且依赖性强,转型思路不开阔

除上述几个方面外,东川地方文化中的单一性和依赖性也是其矿竭城亡、转型失败的重要原因。一方面,随着原东川市的设立和发展,其单一的产业结构和市场结构慢慢地催生出单一的城市文化,形成恋矿情结。由于城市文化具有一定的记忆特征[14],故在很长一段时间内会根植于官员和百姓心中。另一方面,东川矿务局长期受上级部门垂直领导,形成了高度重视上级指标、"等靠要"心态严重的企业文化。受地方干部来源、职工和家眷在城市人口所占比重等影响,这种依赖性极强的企业文化逐渐成为东川的城市文化。[8]

单一性和依赖性强的城市文化，从根本上决定了原东川市主动转型的积极性不强。一是没有积极勘探新矿脉，赢取转型时间，而是直接认为铜矿已竭；二是没有抛弃铜业、破旧立新的勇气和决心；三是未形成综合系统的转型思路，没有对城市的未来进行准确、综合研判；四是转型路径单一。"矿竭城衰"时，东川更多地寄希望于通过行政降级理顺管理体制、减少行政层级、压缩行政开支，依靠昆明市区辐射和行政调整进行转型。

四　东川"矿竭城亡"对资源型城市转型发展的启示

东川"矿竭城亡"的历程，警示其他资源型城市应在产业结构、市场活力、交通体系、人才引育留用、官员政绩评价、地区文化等方面进行变革，推动城市转型。

（一）打破产业结构单一局面，构建多元产业格局

城市的转型，关键是产业的转型，特别是产业结构的升级转换。[15]资源型城市要想实现可持续发展，必须优化产业结构，构建多元产业格局，打破一业独大的局面。一是要基于既有资源型产业，把产业链向末端延伸，推动城市从产业链和价值链底端向高端移动，从而实现存量经济的提质增效，为城市彻底转型争取时间、积累资本。二是要积极发展非资源型产业，逐渐形成替代产业，用替代产业的增量"对冲"传统产业的存量，从而降低资源型产业在区域经济中的比重。可在综合考虑自身经济本底和世界经济发展方向的基础上，选择性地发展科技含量高、潜力大的战略性新兴产业，从而为区域经济发展注入持久动力，避免逃离"资源诅咒"却又落入其他类型的比较优势陷阱。发展替代产业的一个有效途径是产业承接。但最好以"承接

集群式转移""引进桥梁企业或关键节点企业"等方式进行，以避免"只见企业，不见产业"，实现提升自我发展能力的目标。[16]三是推动产业结构多元化时，要坚持绿色生态理念，存量经济循环化改造，增量经济绿色化构建。

（二）充分发挥市场机制作用，焕发企业活力

充分发挥市场机制作用，鼓励民营经济发展，营造竞争与合作共存的良好市场氛围，从而改变国企独大的局面，焕发企业活力和竞争力。一是引导并鼓励民营企业发展壮大，用民营经济的增长稀释国有经济占比，从而改变国企占比畸高的状况。二是深化国有企业改革。对区内国有企业进行科学的功能定位，明确其是公共政策性、特定功能性还是一般商业性企业。后两种类型的国有企业（特别是一般商业性国有企业），应进行市场化经营，摆脱对政府扶持的依赖，推行经理层任期制和契约化管理，加快建立职业经理人制度。三是营造竞争与合作共存的良好市场氛围，转变企业与企业、企业与政府之间的生态关系，打破僵化思维。通过市场竞争，打破大型资源型企业的自给性和封闭性，消除资源型企业对附属企业和配套企业的锁定效应，使企业间不能通过内部市场分享资源的经济租金，从而迫使企业精益求精、变革创新。鼓励企业间台上竞争、台下合作，特别是区内企业与区外企业间的合作。通过跨区合作，接受中心城市知识和技术等的扩散与溢出，优化学习曲线，提升企业自身实力和活力。

（三）构建现代综合交通运输体系，打破区际联系瓶颈

我国资源型城市大多地处山区，区位条件差，自然环境恶劣，自我发展能力弱，必须"借力发展"。要借力，就必须开放，在开放中赢得发展机遇。而开放的基础性前提则是完善、通达的交通运输体

系。因此，资源型城市要努力建成现代综合交通运输体系，打破区际联系瓶颈。具体地说，应以高效、智能、绿色为指引，建设多向连通的综合运输通道，构建高品质的快速交通网，强化普通干线网。这样一来，从企业层面讲，交通条件的改善能提高区域的可达性，原材料和产品的输出和输入通畅快捷，企业运输成本降低，原材料供应范围和产品销售市场扩大，可获得更大利润。从产业层面讲，发达的交通网络系统，便于资源型城市接受周边中心城市的经济辐射，促进当地经济与外界的交流。从城市层面讲，完善的交通设施可将各类生产要素集聚于此。例如，可吸引投资，形成良好的资本积累；可改善就业环境，提高对各类人才的吸引力；等等。同时，完善的交通基础设施能够促进资金、技术、资源和人员更好地流动，从而实现更加有效的资源组合和配置。

（四）完善人才引育留用机制，集聚多元产业人才

集聚新的生产要素，对资源型城市转型发展而言至关重要。而在诸多生产要素中，最重要的不是物质资本，而是人力资本。故资源型城市要想摆脱困境，实现较快发展，必须抓住吸引、培育和留用三个环节，形成完善的人才引育留用机制，集聚多元产业人才，为城市转型发展奠定良好基础。第一，人才引进方面，政府应注意吸引高端领军人才，实现以一带百、以一带产的效应；引进与本地产业和战略发展规划相匹配的骨干人才和紧缺人才，避免高端人才一人"独舞"，切实将引进的人才转化为生产力；搭好人才引进的制度桥梁，建立灵活自由的人才管理机制，使人才能够自由来去；建立合理的人才收入分配激励机制，对人才形成足够的吸引力。第二，人才培育方面，鼓励企业从自身发展需要出发，形成适宜的人才培养机制，重点对一线技术工人和管理人员进行专业知识和技能培训，提升存量劳动力的素

质；鼓励高校或研究院所整合并共享教师、课程、设施等教学资源，加强与企业的交流联系，把社会对人才的需求映射到人才培养过程中。可采取高等院校或科研院所定向委培、产学研合作等具体形式。特别是要注重大学的建设及其对经济转型的贡献。多特蒙德、匹兹堡和比尤特等资源型城市的经验表明，大学往往是资源型城市产业转型的中流砥柱。[12]第三，引进与培育之余，更要注重留用，做到引得进、留得住。具体需要营造平等、尊重、信任、合作、分享的工作环境，完善激励晋升及收益分配机制，视情况解决人才家属的户口、住房、子女上学等问题，以多种手段打破约束人才发挥作用的条条框框。

（五）转变官员政绩评价方式，形成城市长效发展机制

正确的政绩观通常会受到三个方面的观念挤压，包括上级对下级的考核评价，承担资源型城市转型重担的领导者自身的政绩观，以及当地群众对资源枯竭型城市转型的期望。[17]转变官员政绩评价方式，是倒逼官员改变政绩观的有效途径。对资源型城市领导干部的考评体系和考核目标应有别于其他地区，应重视城市生命力提升、突出绿色发展理念，从而推动城市形成长效发展机制，避免城市经济大起大落。一方面，要给予资源型城市领导干部足够的时间和充分的信任，让他们能够根据当地实际情况，循序渐进、系统有序地推动城市转型。在科学、理性、前瞻地制定好转型目标和转型方向的前提下，历届领导干部薪火相传、接力转型，一以贯之、久久为功。追求从根本上提升资源型城市的生命力和活力，而非流于表面的短期辉煌。另一方面，政绩评价要体现绿色、生态、环保理念。坚决杜绝唯GDP的单一考核和任用标准，杜绝以环境污染、生态破坏和资源浪费为代价换取当前经济效益的行为，切实推动资源型城市转向可持续发展模式。

（六）打开思路，敢破敢立，拓宽转型路径

解放思想是解决各种难关的"总开关"和"金钥匙"。资源型城市应打开思路、勇于破立，打破文化中的单一性和依赖性。一方面，打开思路，跳出本城市看问题，拓宽视野，把握大势，学习先进，探索多元转型路径。例如，可树立全新的资源观，变废为宝，依托资源型城市的废弃物发展生态产业。多数矿山固体废弃物都是有用途的，有的还不止一种用途，可视为一种二次资源。将矿山固体废弃物作为接替资源加以开发利用，形成新的产业，既可获得经济效益，又可获得生态效益。事实上，东川铜尾矿中富含白云岩，是改造当地农作物产量极低、占地面积极广的红壤的有效资源，残留的铜还可以做微肥。[18]日本早在50年前就采用此法改造酸性土壤，效果很好。再如，可充分发挥当地特点，趋利避害，形成特色产业。东川撤市设区后就依托当地的泥石流资源，打造泥石流汽车、摩托车越野赛，吸引了许多游客，休闲产业蓬勃兴起。又如，"资源枯竭"其实是一个相对概念，不是绝对概念，可通过深度探矿增加矿产资源储量，适当延长资源型产业寿命，以争取转型时间。另一方面，要敢破敢立，既做加法，又做减法，拓展思维。资源型城市应破除对原有产业的依赖，破除等、要、靠心态，破除利益固化症结，要勇于开辟全新发展领域，勇于超前发展，勇于让利给投资者和外地人。

参考文献

[1] 昆明市东川区人民政府办公室：《东川区 2017 年 GDP 总量突破 90 亿元》，昆明
    市 东 川 区 人 民 政 府 网，http://dongchuan. km. gov. cn/c/2018 – 01 – 29/
    2309439. shtml，最后访问日期：2019 年 5 月 8 日。

［2］《东川概况》，昆明市东川区人民政府网，http://dongchuan. km. gov. cn/c/2016 –
　　12 – 14/1395830. shtml，最后访问日期：2019 年 5 月 8 日。

［3］《这个国家级贫困区罕见逆向申报"撤区设市"，怎么回事？》，观察者，https://
　　www. guancha. cn/society/2018_09_26_473478. shtml？s = zwybjwzbt，最后访问日
　　期：2019 年 5 月 8 日。

［4］《西部矿业城市面临困境？》，搜狐新闻，http://news. sohu. com/20051114/n22749
　　2470. shtml，最后访问日期：2019 年 5 月 8 日。

［5］窦贤、陈茜、李路阳：《消亡中的矿业城市》，《西部大开发》2006 年第 6 期。

［6］《东川资源枯竭型城市的转型探索》，中国环境网，https://www. cenews. com. cn/
　　ztbdnew/2017/a/b/201706/t20170620_837995. html，最后访问日期：2019 年 5 月
　　8 日。

［7］《枯竭 or 重生：昆明东川谋绿色转型》，简书，https://www. jianshu. com/p/4d752
　　833367f，最后访问日期：2019 年 5 月 8 日。

［8］郑重：《东川：第一个因矿竭而消失的地级市》，《经济观察报》2004 年 3 月
　　26 日。

［9］李天国、戴平、郑东亮：《急症当下猛药——关于昆明市东川再就业特区的调
　　查》，《中国劳动》2005 年第 10 期。

［10］《全国无先例 东川区拟撤区设市听证会本月 27 日举行》，云南房网，http://
　　www. ynhouse. com/news/view – 200629. html，最后访问日期：2019 年 5 月 8 日。

［11］李志群、陈耀光、李伟中：《东川市的可持续发展问题探讨》，《资源·产业》
　　2005 年第 1 期。

［12］钱勇：《国外资源型城市产业转型的实践、理论与启示》，《财经问题研究》
　　2005 年第 12 期。

［13］《东川降级的背后》，鲁北王的博客，http://blog. sina. com. cn/s/blog _
　　54bbd29a010196v8. html，最后访问日期：2019 年 5 月 8 日。

［14］陈俊、蔡付斌、肖碧云：《资源型城市实现产业结构调整的必然性研究》，《对
　　外经贸》2013 年第 7 期。

［15］李彦军：《产业长波、城市生命周期与城市转型》，《发展研究》2009 年第
　　11 期。

［16］程李梅、庄晋财、李楚、陈聪：《产业链空间演化与西部承接产业转移的"陷阱"突破》，《中国工业经济》2013年第8期。

［17］杜琼、杜彬、娄金：《昆明市东川区资源枯竭的困境和经济转型的思考》，《云南农业大学学报》（社会科学版）2010年第3期。

［18］陈希廉：《创新矿源枯竭转型思路》，《中国金属通报》2012年第2期。

第十一章

海亮集团转型的动态能力提升经验与启示

冯　珍[*]　靳　越^{**}

资源型企业转型是地区转型的重要基础。典型资源型企业海亮集团在探索中实现了转型发展。本章以时间为线索，通过纵向案例分析，将海亮集团的转型过程划分为机会感知、并购重组和集约式发展三个阶段，并发现动态能力提升是转型成功的关键；通过横向案例分析，研究动态能力的构成因素，将其归纳为人力资源管理能力、顶层设计能力、环境应变能力、技术创新能力、风险管控能力、资源整合能力和组织变革能力七大因素，探讨不同因素对转型的不同作用和影响，其中，人力资源管理能力是主导因素，顶层设计能力和环境应变能力是重要因素，其他能力为一般因素。最后，根据海亮集团转型成功的经验为资源型企业的转型发展提出对策建议。

随着世界市场的不断融合，传统资源型企业的国际竞争压力进一步增大，同时，我国经济由高速增长阶段转向高质量发展阶段，

＊　冯珍，山西财经大学管理科学与工程学院，教授、博士生导师。

＊＊　靳越，山西财经大学管理科学与工程学院，硕士研究生。

对资源型企业的速度、结构、模式、质量也都提出了新的要求。海亮集团由最初的传统资源型企业升级为多产业共同发展的国际化大型民营企业，位列中国企业 500 强的第 109 位，近五年来始终保持强劲的发展势头，标志着海亮集团的转型取得了阶段性成功。这一成功固然有众多原因，但海亮集团坚持驱动市场的转型路径和持续的动态能力升级无疑是其中的重要力量。驱动市场转型的核心在于通过动态能力的驱动重构竞争优势，寻找新的经济突破点和增长点[1]，海亮集团的转型历程可为资源型企业的转型发展提供参考与借鉴。

一　理论回顾与海亮集团现状

（一）驱动市场与市场驱动理论

驱动市场和市场驱动是两种不同的市场导向，在市场导向研究的早期，学者们一般认为市场导向与企业绩效正相关。市场驱动着眼于当下，即认为需求是确定的、可以被清楚表达的，企业的主要任务是理解和满足需求；市场驱动属于渐进式变革，企业需要对市场上已有的产品或服务进行相应的改进，强调企业在现有的价值空间内做出相应的调整和改变。而驱动市场不但要求企业满足现有的需求，还要对市场需求进行前瞻性预判，即认为消费者的认知能力是有限的，还容易受到周围购买环境的影响，因此企业需要对消费者的需求和偏好进行有效的引导，通过市场教育激发消费者的购买欲望；驱动市场属于突破式变革，企业需要通过开发新的产品或服务来满足顾客的需求，强调企业通过构建一个新的价值网络，实现对原有价值网络的替代。[2—4]

（二）　动态能力理论

动态能力理论的提出源于学者们对竞争优势的讨论，其被很多学者认为是当代企业获得持续竞争优势的根基。[5]不同学者对动态能力进行了不同的界定，从不同角度解释了动态能力的构成。Teece认为动态能力是指企业吸收、整合、重新配置内部资源和外部资源以应对快速变化环境的能力。[6]基于这一认知，Teece从流程（processes）、位势（positions）、路径（paths）三个方面对其进行了诠释。[7]王核成将动态能力界定为企业识别市场机会、配置/重构企业资源、提升企业价值的一种能力。[8]焦豪等开发出动态能力的四个构面：环境洞察能力、变革更新能力、技术柔性能力与组织柔性能力。[9]

学术界普遍认为，转型意味着企业竞争优势的重构，在这一过程中，动态能力发挥着至关重要的作用。江积海和刘敏通过结构方程模型检验发现，动态能力的广度、深度、演化速度以及各维度间的交互作用均对企业的市场表现产生了积极的影响。[10]王建军和昝冬平重点讨论了动态能力在企业危机管理中的重要性，他们借助典型案例揭示了动态能力在应对企业危机过程中的作用以及如何帮助企业重塑竞争优势。[11]学者Wilden和Gudergan则通过228家企业样本数据分析了动态能力对企业营销能力和技术能力的影响，得出结论：企业动态能力的提升对于企业的营销能力和技术能力均产生了积极的促进作用。[12]

（三）　文献述评

综观学术界关于不同的市场导向与动态能力的研究发现，市场驱动和驱动市场都对企业发展有至关重要的作用，不同的企业发展阶段应选择不同的市场导向。对于面临转型的企业而言，驱动市场是企业重构价值网络，重塑核心竞争力，开拓市场的良好选择。市场驱动向驱动市场的转型离不开动态能力的构建与升级。但是现有研究并未在两者之间建立起紧密的联系，对于两者之间的交互机制和演进规律也都缺少系统且深入的讨论。

（四）海亮集团发展现状

1989 年，海亮集团前身——诸暨县铜材厂成立，成为海亮集团发展壮大的起点，历经三十年的发展变革，转型成长为多产业的国际大型民营企业，位列中国企业 500 强的第 109 位，2017 年总资产达 699 亿元，营业额超过 1600 亿元，2013—2017 年营业收入年均复合增长率达 19.98%，总资产年均复合增长率达 12.84%，缴税额年均复合增长率达 22.33%。目前，海亮集团集中发展教育产业、有色材料智造和健康产业三大产业，其下属子公司海亮股份是全球最大、国际最具竞争力的铜加工企业之一，为中国最大的铜管、铜管接件出口企业之一，是铜加工行业精细化管理标杆企业。海亮教育在 2017 年盈收和净利润均创历史新高，市值突破 10 亿美元，发展前景可观，是行业公认的经营状况良好的上市公司之一，在国际上拥有一定公信力，其成功既仰赖于市场机会，也归功于自身办学优势。海亮健康产业由生态农业、养生养老、医疗服务三大业务组成，尚在初步发展阶段，旨在建立高端定位、服务领先、国际水准、特色鲜明的全产业链。海亮集团近年来发展势头良好，离不开其多年来对资源型企业转型的探索与实践。

基于上述认知，本章利用单案例研究方法，基于动态能力的视角分别从纵向和横向两个维度研究资源型企业海亮集团的驱动市场转型，通过梳理海亮集团的转型历程与动态能力构建路径，构建一个基于企业动态能力和驱动市场转型的研究框架，深入探讨两者之间的交互机制和演进规律。希望相关研究成果能够对现有理论研究的不足进行必要的补充和完善，同时也为山西省资源型企业的转型发展提供参考与借鉴。

二　海亮集团案例数据处理

案例研究法与其他研究方法相比，包含特有的设计逻辑、资料搜集和分析方法，有利于对动态的相互作用过程和所处的情景脉络加以掌握，适合解答"如何改变""为什么改变""结果如何"等描述性问题。[13]此外，资源型企业转型问题涉及企业发展历程中的多个时间节点，对于案例研究的深度有较高要求，因此本章从纵向和横向两个维度分析海亮集团转型这一典型案例。海亮集团由最初的传统资源型企业通过驱动市场转型成为多产业布局的国际化大型综合企业集团，其转型路径与经验具有可推广性和可复制性，且其相关资料和数据易于获取，调研访谈能够顺利展开，因此，本章选取海亮集团作为研究样本，探究其转型过程及其背后的深层次原因，为更多企业提供参考与借鉴。

本章从多个渠道进行数据资料的搜集，通过与海亮集团的中高层管理者、基层工作人员等内部人员的面谈、电话访谈和网络访谈等获取一手资料，二手资料来源包括公开的企业年报、企业网站、相关新闻报道和其他咨询公司出具的研究报告等。为确保二手资料的真实性和可靠性，本项目组成员还就相关问题多次向海亮集团内部人员进行求证，以期最大限度地还原转型过程的关键节点。

首先，本研究对初始数据进行筛选，剔除重复和无效的数据，对初步处理后的数据进行编码；其次，根据海亮集团的发展历史，将编

码后的数据按照时间顺序进行排列，识别转型的关键节点，划分转型
的发展阶段，进行纵向案例分析；再次，提炼与动态能力相关的案例
数据，重新编码，将编码后的数据进行分组和归类；最后，对分类后
的数据进行提取和凝练，识别海亮集团转型成功的关键所在，获取海
亮集团动态能力的构成因素，展开横向案例分析。在数据的编码与分
类过程中，本项目组成员对数据资料进行多次查验，并反复与相关人
员沟通确认，确保编码与分类的合理性和科学性。

三　海亮集团转型阶段划分

在复杂多变的市场环境下，海亮集团能敏锐感知环境的变化，采
取及时的应变措施，寻求外部资源并与内部资源有效整合，完成企业
价值跨越式的重构与升级，在企业价值创新中把握支柱产业，进行产
业新布局，通过全新的产业布局和战略模式将重构的企业价值传递给
市场与消费者，实现市场驱动到驱动市场的全面转型。其转型阶段见
图 11 - 1。

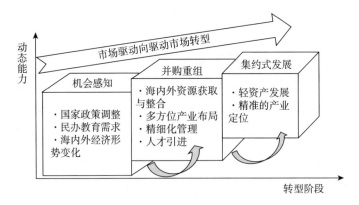

图 11 - 1　海亮集团转型阶段

（一）机会感知阶段

海亮集团从市场驱动向驱动市场成功转型的前提在于对市场机会的敏感度和识别能力。

1. 国家政策调整

1989 年，中国的经济模式仍以粗放型模式为主，海亮集团依靠浙江省诸暨市当地丰富的铜矿资源建立铜厂，成为海亮集团发展壮大的起点。随着国家对自然资源的重视，可持续发展意识的加强，海亮集团及时调整路径，从纯粹的铜矿资源开采向铜产品加工转变，2002 年成为中国首家年产量突破 10 万吨的铜加工企业。环保问题是资源型企业不得不面对的难题，但是挑战的存在意味着机会的出现。伴随着国家环保规制的日益严格，环保设备有较大的市场潜力，海亮集团于 2008 年进入节能环保产业，致力于环保设备与材料的制造，开辟了铜加工之外的新兴产业。

2. 民办教育需求

90 年代初期，国家对教育的投入不足，基础教育体系尚未完善，公办学校数量较少，各学校班容量大、师资不足，不仅无法满足民众对教育的需求，更无法根据学生特点开展有针对性的个性化教学。为此，海亮集团在 1995 年创办海亮外国语学校，开民办教育的先河，为日后海亮教育的发展壮大奠定了基础。

3. 海内外经济形势变化

为进一步扩大生产规模，海亮集团瞄准海外市场。越南是浙江在东南亚地区最大的贸易伙伴。越南相对低廉的土地、劳动力和电等要素成本成为海亮集团进一步扩大生产规模，开拓海外市场的重要机会。2008 年，海亮集团将其位于浙江基地的 3.5 万吨的铜管生产线搬迁至越南，通过发挥越南生产基地的桥梁作用，加大了对东南亚市场的拓展力度。2006 年到 2008 年，受国际金融危机的影响，为刺激国内消费，房地产与金融行业准入门槛较低，海亮抓准机遇进军房地产与金融产业，经历了国内房地产与金融市场较为兴盛的阶段，为集团营业收入的增长做出了重要贡献。

（二）并购重组阶段

市场驱动向驱动市场转型的核心在于重构企业价值网络，并将独特的价值主张传递给消费者，从零开始建立全新的消费市场，实现价值创新。感知市场变化与机会后，是否能获取必要资源成为把握市场机会开拓市场的重点。

1. 海内外资源获取与整合

海亮集团在该阶段展现出较强的谈判合作能力，建立"无并购不发展"的资源获取路径。[14]具体表现在以下几个方面。第一，海外市场资源整合。当铜管加工产业初现产能过剩的端倪时，海亮集团便着手计划并购美国领先的空调制冷用管和水暖用管批发企业 JMF。JMF 拥有完善的美国销售网络和本土营销能力，海亮集团的成功并购不仅在一定程度上消化了海亮集团过剩的产能，而且有效规避了国际贸易壁垒的风险，进一步抢占国际高端产品市场，推进国际化进程。第二，国内行业内部整合。铜行业是国家重要的基础产业，因重复建设和产能过剩，近年来铜价持续下跌，整个铜加工行业普遍不景气，开工率不足 60%，金龙铜管集团是世界上最大的精密铜管生产厂家，海亮集团计划并购金龙铜管集团，打造出全球同行业内规模最大的"超级航母"，以期带头推动整个行业的重组与振兴。第三，技术资源整合。目前国内铜管行业存在的产能过剩情况属于结构性过剩，高精度铜管的需求量依然很大。海亮集团并购诺尔达（Luvata）旗下三家公司的亚洲业务和全球知识产权，以期获取高端的生产技术和高价值含量的知识产权。经过长期的资源积累与整合，海亮集团拥有三百多项国内与国际专利技术，并建立起多个行业领先的研发创新中心，实现了高端精密有色金属智能制造的全面升级，以"高效短流程连续化系统集成技术""无人化智能制造技术"等尖端的制造技术和生产装备引领行业创新。

2. 多方位产业布局

作为海亮集团的核心产业，铜加工成功升级转型使海亮集团得以将更多资源投入其他产业的布局与发展中。海亮集团充分利用资本市场开展产业并购，以发行股份购买资产方式收购浙江海亮环境材料有限公司100％股权，积极进军环保产业。同时，为进一步拓展环保业务领域，海亮集团收购浙江海元环境科技有限公司全部股权，这有利于提升海亮集团环保产业的核心竞争力。至此，海亮集团完成了铜加工、教育、房地产、金融、环保、健康等多产业的布局，实现了全方位、多产业共同发展。海亮集团的产业布局见图11-2。

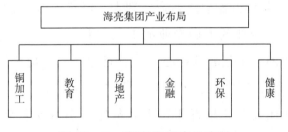

图11-2　海亮集团产业布局

3. 精细化管理

第一，实施智能化管理。多产业意味着企业规模的进一步扩大，有效管理庞大的企业组织，提高生产和经营效率，成为海亮集团实现持续高速发展的重要环节。对此，海亮集团介入IT系统，实行从上到下全智能化的精细化管理模式。在生产制造方面，海亮集团自行研发MES辅助智造系统，实现了产品识别自动化，以生产过程中的工艺、设备、能源、质量管理为主线，进行生产全过程的实时监控、自动分析预警。

第二，完善内部管理体系。海亮集团通过引进职业经理人，实施规范化管理，并制定了从销售到后勤保障等一系列完整的制度，完善了企业内部管理体系，该体系包括：精细化成本核算，通过梳理16000多种不同规格的铜产品，将其中对成本影响较大的产品优化再造生产流程，控制成本；实施失信赔偿、供应能力评价、质量保证能力评审和全球集中采购策略，降低采购成本，化解采购风险；制定"净库存管理制度"，坚持"只赚取加工费，不做铜市投机"的经营理念，有效规避存货风险减少损失，避免在不可控的金属市场上消耗精力和资源；完善人力资源、企业战略等管理体系，加强顶层设计与部署。

4. 人才引进

海亮集团认为人才是赢得未来的关键。海亮集团是家族企业起家，但从2000年便开始引进职业经理人，经营管理层中吸纳了许多非家族成员，让"专业的人做专业的事"，当年引进的这批优秀经理人都已经成为集团各个领域的核心人才。近年来，各地纷纷掀起"人才抢夺大战"，海亮集团认为应当在这场"大战"中占据先机，在此背景下，海亮集团发布"星青年"人才战略，引进5名年薪500万元、年龄为30岁左右的青年管理人才，由海亮集团的创始人亲自培养。此外，在未来两年内，海亮集团还将招募5000余名能力突出的青年人才，为推动海亮未来发展全面储备优秀人才。

（三）集约式发展阶段

重构价值网络能使企业及时规避风险，更好地应对外部环境变化带来的挑战。价值网络重构完成后仍然需要后期持续的完善和改进。

2017 年海亮集团通过技术革新和精细化管理等完成价值网络的重构后，由于外部经济环境波动较大，国际贸易不稳定性较高，结合自身资源储备，海亮集团决定走集约式发展路径来突出并完善自身核心价值。

1. 轻资产发展

海亮集团对企业未来八年的发展做出全新的战略规划，优化产业布局，轻装上阵，严格控制资产负债率红线，由重资产经营模式转向轻资产经营模式。海亮集团终止了对财务运转存在问题的金龙钢管集团股份的收购，退出 25 亿元的肿瘤医院投资项目，逐步退出一些资产负债率较高的产业，未来发展以"稳健"为主。

2. 精准的产业定位

海亮集团综合分析外部市场环境、自身经营管理水平与内部资源分布，缩减多个业务板块，整合为教育产业、有色材料智造和健康产业三大产业板块。教育产业被列为优先发展产业，海亮集团决定采取收购、托管等方式进行轻资产运营，重点输出人才、管理和标准，开展合作办学。在铜加工产业，加工产品向铝等其他有色金属延伸，通过向产业链下游延伸，进一步深化智能生产。健康产业是一种"防—治—养"一体化的高新产业发展模式，国内的健康产业市场尚未成熟，海亮集团以自己的健康理念和发展战略定义这一新产业，通过强化消费者的健康生活理念培养其健康消费的习惯，建立农业、养老和医疗深度融合和优势互补的发展路径。

四　海亮集团转型动态能力构成因素提炼

企业转型意味着改变既有的发展路径，打破已有的成熟的价值网络，是一个复杂的、充满不确定性的过程。由案例的纵向分析可知，海亮集团的驱动市场转型可分为机会感知、并购重组和集约式发展三个阶段。基于上述研究，本章对案例企业数据进行重新编码，汇总海亮集团转型驱动力的相关数据并对其进行分类，以此探究转型成功背后的深层原因。纵观海亮集团三十年来由市场驱动向驱动市场的转型，关键就在于其自身动态能力的升级。再次整理与相关专家、海亮集团内部工作人员的访谈记录，梳理与动态能力相关的案例数据，并将其重新编码，根据编码后数据的特征对其进行分类。进一步研究分析案例企业的动态能力构建路径发现，人力资源管理能力、顶层设计能力、环境应变能力、技术创新能力、风险管控能力、资源整合能力、组织变革能力在海亮集团的转型中发挥了关键作用，且不同因素对转型有不同程度的影响。海亮集团驱动市场转型过程中动态能力的构成因素见图 11-3。

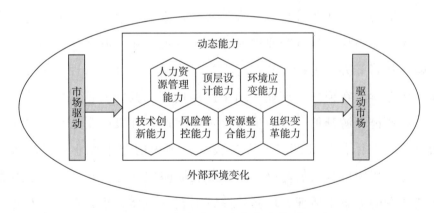

图 11-3　海亮集团动态能力构成因素

（一）人力资源管理能力

市场驱动向驱动市场的转型是企业的战略性变革，依赖于企业各个层面和各种管理职能的有效配合，随着转型的逐渐深入实施，作为生产要素的创造者，人力资源日益成为转型中不可或缺的核心资源，对战略变革、企业转型有重要的支撑和促进作用。[15]因此，转型也对企业的人力资源管理提出了更高的要求。

第一，在人才引进方面，海亮集团将人才引进视作集团的战略性投资，建立并完善一套广纳贤才、人尽其才、充满活力的引人用人机制，通过引进职业经理人，在经营管理层中吸纳了很多非家族成员，把优秀的人才聚集到企业中。此外，2001—2012年，先后聘请多名具有高级职称的优秀科技人才，带头进行技术创新与升级；聘请国内外同行业知名专家、国家工程院院士担任技术顾问，旨在通过技术革新提升产品质量。第二，在人才激励方面，海亮集团先后投资1.5亿元建立集休闲、办公、住宅等于一体的海亮社区，为员工提供优质生活环境，使员工共享企业发展的成果；与中山大学等多个高校合作办学，培养管理人才，提升员工能力；通过管理入股、技术入股等提高员工的工作积极性和稳定性，将企业的人才和企业结成利益共同体。就绩效评价而言，海亮以业绩贡献大小为依据，不讲资历、亲疏，以公开竞岗为手段选拔任用人才。由此，海亮创建了平等、和谐和良好的企业氛围，员工幸福指数的提升和企业的发展和谐统一，使员工有强烈的认同感和归属感，为企业的成功转型奠定了良好的基础。

（二）顶层设计能力

顶层设计是从系统论的角度出发，对某任务进行全方位、全层次、全要素的统筹规划，有效整合资源，以期高效完成目标。企业转型意味着企业整体自上而下的改革，权利与利益的重新分配，离不开高层管理者的设计与部署。海亮集团的转型是涉及整个集团的长期持续的重大战略转型，其由市场驱动向驱动市场的转型路径来自高层管理者的布局，通过顶层设计，在对未来趋势进行前瞻性预判的基础上，进行系统化的战略规划。

第一，海亮集团的顶层设计能力体现在其设计的并购升级路径中。随着生产规模的扩大，海亮集团逐渐出现产能过剩、技术落后等问题，高层管理者对其进行统筹规划，决定通过并购实现产业升级。海亮集团的每一次并购都不是盲目并购，正如海亮集团董事长、总裁曹建国所说："并购是企业发展的战略行为，决策者必须对公司整体发展战略有一个清晰的框架结构和清醒的认识。"并购之前，要充分考虑战略目标是否明确，评估程序和标准是否科学有效，要从海亮集团自身、目标企业整体、战略合理性出发进行全面评估。

第二，顶层设计能力也表现在其产业新布局中。近两年海亮集团高层管理者重新审视自身资源与能力，评估外部环境的风险与机会，对企业发展方向进行重新规划与布局，确定了集约式的发展路径，将市场前景良好、轻资产型的教育产业作为第一发展产业，通过分析健康产业的发展前景和市场需求，利用发展较为成熟的铜加工和教育产业的收益进行健康产业的布局。

（三）环境应变能力

海亮集团历经三十年的发展与变革，见证了中国经济复苏与发展的曲折变化，凭借敏锐的感知与应变能力也在国内外经济政策与形势的变化中不断调整自己的战略与布局。随着国家经济由粗放式向精细化发展，海亮集团通过技术创新实现铜矿资源的高端精密加工，转变了以往单纯依靠自然资源的发展模式。在国内相关政策利好的时机尽早进入房地产业和金融业，大幅度提高了集团收益；在房地产政策紧缩、金融市场日益规范的初期，及时退出，规避了风险。随着国内经济增速放缓，国际市场不确定性增加，海亮集团通过精准的产业定位，及时舍弃房地产、金融等产业，回归实业，做精做强铜加工产业。通过融合上下游资源，提升产业竞争力，集中运用人工智能、物联网等互联网技术，积极迎接即将到来的第四次工业革命。

（四）技术创新能力

企业转型是一个"质变"的过程，离不开创新的驱动。随着铜产品市场的饱和，铜加工行业出现产能过剩的情况，但高精技术产能仍然有很大的需求空间，要领先同行业企业占据高端市场，甚至引领市场消费行为习惯，创造新的产品市场，技术创新无疑是实现这一转型的核心驱动力。[16]海亮集团为实现技术革新，成功并购拥有多项知识产权的诺尔达，同时引进高新技术人才，带头进行技术革新，建立起多个行业领先的研发创新中心，全面推动高端精密有色金属的智能化制造。在健康产业，海亮集团同样通过技术创新，建立有机农业及健康食品全产业链，旨在打造中国健康食品全产业链的第一品牌。海亮集团不断追求技术进步与革新，拥有400多项国内外专利技术，实现了从"跟踪模仿"到"自主创新"的升级，从"制造企业"到"创新经济"的嫁接，从而有力推动了企业的转型升级。

（五）风险管控能力

从资源与战略的内在联系来看，资源型企业转型的战略风险主要来源于与企业战略转变匹配的资源变动过程中存在的不确定性因素。[17]海亮集团的风险管控能力具体表现在以下几个方面。第一，库存风险管控。为协调转型中所需资源，海亮集团建立包括净库存管理制度在内的风险管控体系，有效规避了铜价和汇率的多次大幅度波动给企业经营带来的风险，保持了公司稳定的业绩增长和良性发展。第二，市场风险管控。铜加工行业与国民经济发展有密切联系，近年来，国内经济增速放缓，加剧了铜加工行业内部的竞争。为应对市场风险，海亮集团始终坚持以客户和服务为导向的营销策略，提供优质产品和良好的售后服务，为消费者提供超额价值，因此海亮集团能够在波动的市场中与国内下游客户保持长期稳定的供销关系，保证公司稳定、有序地开展生产经营活动。第三，销售风险管控。由于企业外部经营风险不断增加，为应对日益扩大的资金危机，海亮高度重视应收账款风险，进一步完善销售客户信用评价体系，对应收账款实施全过程动态跟踪管理，进行有效的外部风险管控，降低企业资金风险。

（六）资源整合能力

资源整合是基于资源基础观提出的企业对不同来源、不同层次、不同结构、不同内容的资源进行选择、汲取、配置、激活和有机融合，并对原有的资源体系进行重构，形成新的核心资源体系的过程。[18]一方面，海亮集团通过并购获取丰厚的市场资源和铜矿、技术及知识产权等生产要素资源，并通过持续不断的学习和消化，将其与自身的内部资源进行融合、吸收，重构资源体系，将其转化为自身核心竞争优势，迅速扩大了销售市场，技术水平实现了"质"的飞跃。另一方面，就海亮集团内部而言，不同产业之间也相互吸收整合优势资源，例如海亮地产依靠海亮教育的精品资源满足房地产客户的教育配套需求，凭借海亮农业与食品集团的健康食品产业化管理，为业主提供一站式的高品质饮食及配送服务。同时，海亮集团又依靠房地产、铜加工等成熟产业的收益进一步布局健康产业，推动健康产业的发展。海亮集团凭借其良好的资源整合能力形成了独有的资源价值体系，为其驱动市场的转型发展奠定了坚实的基础。

（七）组织变革能力

通过组织结构调整，企业不但可以把有限的资源集中到战略转型的重点方向，还可以对组织内的职务、责任、权利进行明确的界定，以此确保新业务的顺利开展。[19] 组织结构调整是为企业战略服务的，因此随着海亮集团驱动市场转型的不断深入，其组织结构也经历了较大的调整。海亮教育兴办初期，大小事务均由集团总部管控。随着教育市场的扩大，消费者需求日益呈现异质化与个性化，海亮的教育产业也发展壮大，原先直线式的管理经营模式无法适应迅速扩大的产业规模，海亮集团及时转变组织模式，走扁平化发展道路，采取加盟的形式，各学校独立经营，减少学校建设的投资，集团总部主要负责输出教师人才与管理模式。海亮集团在提出三大支柱产业后，成立集团下属"有色材料智造""教育""健康"三大事业部，由集团直线管理，加强了权力控制与约束，进行集约式发展，有利于在产业之间进行资源调度与整合。

五　对山西省资源型企业转型的启示

在近年来国际形势波动、消费需求多样化、互联网技术变革、新兴企业崛起等诸多因素的影响下，国内资源型企业所处的竞争环境日益严峻。浙江省资源型企业海亮集团从机会感知阶段到并购重组阶段，最终走向集约式发展的转型阶段，完成了价值重构与竞争力再造。其成功转型为资源型企业的转型发展提供了有益的参考与借鉴。

（一）以经济下行低点为机遇，通过驱动市场转型加强企业主导产业优势，向集约式发展，打造全产业链大格局

国内经济增速放缓，经济持续下行，导致行业竞争强度降低，市

场杂音较少，是企业转型的良好机遇期。煤铁等是山西省资源型企业的主导产业，其主导地位在今后相当长时间内也很难发生实质性改变。但是资源型企业的转型并不意味着完全的去资源化。因此，山西省资源型企业应当推进煤铁产业延伸、更新和多元化发展，积极与国际接轨，在全球产业链中找准定位，加快信息化与工业化深度融合，扩大并优化原始资源的附加价值，以此重构并强化主导产业的竞争优势。此外，面对转型的挑战，山西省资源型企业应"轻装上阵"，减轻资产"负重"，向集约式方向发展，同时加强企业产品与服务的异质性，对市场需求做出前瞻性预判，有效引导消费者的需求和偏好，激发其消费欲望，打造差异化竞争优势，在利用资源型产业的发展优势与成熟的市场份额布局其他特色产业的同时，更要进一步加强各产业之间的互动，打造全产业链融合发展模式，构建全新的价值体系，即实现市场驱动向驱动市场的转型。

（二）强化人力资源管理能力在动态能力体系中的主导作用，实施人才强省战略

企业应当更新观念，把人力资源问题放到事关企业转型成败的高度来认识。创新人才机制，用宣传方式加大对人才的吸引力，加强与高校的合作，采取毕业生引进政策，优化人才结构，健全培训机制，为员工提供充足的进步空间，更加人性化地管理人才，与员工分享企业成果，提高员工的积极性和稳定性。

（三）推进高层领导者观念转型，培养顶层设计能力，积极提升环境应变能力

观念转型是企业转型的前提条件。资源型企业的领导者应加强培养顶层设计能力和环境应变能力，彻底摆脱资源依赖思想的束缚，勇

于走出"舒适区"，在企业发展的成熟期适时转型，审慎判断持续变化的外部环境，积极把握市场机遇，减少企业转型的阻力。同时，企业高层领导者应随时关注国家的产业政策，尽力争取国家的一系列优惠与减免政策，结合企业的转型时期、资源禀赋和发展目标设计企业的转型路径。

（四）加强资源整合力度，充分提升技术创新水平，完善风险管控体系

1. 加强资源整合力度

一方面，山西省资源型企业主要以煤炭为主导产业，规模化生产和较高的生产效率才符合可持续发展要求，相关企业应衡量自身优势与需求，寻求能与其优势互补的企业进行并购重组，这样不仅能补齐短板，还能扩大市场份额，以此提高产出效率，提升产业集中度。另一方面，山西省资源型企业在加大培育新兴产业力量和速度的同时，要加强企业内部不同产业的融合，实现"共融""共建"，拓展当前产业链的深度和广度，发力打造全产业链，逐步降低对资源型产业的依赖程度。

2. 提升技术创新水平

在技术创新方面，根据转型环境、转型目标与转型战略，合理制订创新战略计划，加大资金投入力度，建立创新研发中心，引进高端技术人才，与高校、科研机构等形成产学研合作机制，将研发成果运用于企业的生产制造中。做精做深主导产业，运用"互联网＋"和大数据等先进技术向智能化方向发展，抢占产业竞争制高点，利用高端加工技术提升产业链价值，向高端化方向发展。

3. 完善风险管控体系

资源型企业由资源开采向资源深加工升级的同时，应当将产品线

向下游延伸，就山西省煤炭企业而言，可以有效解决产能过剩的问题，加大企业内部煤炭消费和转化力度，积极维护与电力、钢铁、建材和化工等下游客户的合作关系，完善产品销售体系，将企业在驱动市场转型中重构的价值网络传递到更广阔的销售市场，建立完善的销售风险防范体系，动态跟踪应收账款，有效降低销售风险。

（五）保持内部组织柔性，确保组织变革能力对动态能力的保障作用

组织变革能力也是动态能力体系中不可忽视的部分，应持续观测和监控企业的组织变革能力。山西省资源型企业应在转型中时刻关注组织内部权力与利益的再分配问题，根据企业的转型路径和转型目标及时调整组织结构，确保其对动态能力的保障作用。

参考文献

［1］臧树伟、胡左浩：《动态能力视角下的企业转型研究：从市场驱动到驱动市场》，《科学学与科学技术管理》2017 年第 12 期。

［2］N. Kumar, L. Scheer, P. Kotler, "From Market Driven to Market Driving," *European Management Journal* 2000, 18（2）: 129 – 142.

［3］R. Filieri, "From Market-driving to Market-driven: An Analysis of Benetton's Strategy Change and Its Implications for Long-term Performance," *Marketing Intelligence& Planning* 2015, 33（3）: 238 – 257.

［4］赵新元：《从"市场导向"到"引导市场"：营销观念的转变》，《南开管理评论》2000 年第 5 期。

［5］李彬、王凤彬、秦宇：《动态能力如何影响组织操作常规？——一项双案例比较研究》，《管理世界》2013 年第 8 期。

［6］D. J. Teece, G. Pisano, A. Shuen, "Dynamic Capabilities and Strategic Management,"

Strategic Management Journal 1997，18（7）：217 – 218.

［7］D. Teece，"Explicating Dynamic Capabilities：The Nature and Microfoundations of（Sustainable）Enterprise Performance，" *Strategic Management Journal* 2007，28（13）：1319 – 1350.

［8］王核成：《基于动态能力观的企业竞争力及其演化研究》，博士学位论文，浙江大学，2005。

［9］焦豪、焦捷、高远深、马原、郭晋利：《基于动态能力视角的国有中小企业战略转型过程机制》，《技术经济》2017 年第 6 期。

［10］江积海、刘敏：《动态能力重构及其与竞争优势关系实证研究》，《科研管理》2014 年第 8 期。

［11］王建军、昝冬平：《动态能力、危机管理与企业竞争优势关系研究》，《科研管理》2015 年第 7 期。

［12］R. Wilden，Gudergan，S. P. ，"The Impact of Dynamic Capabilities on Operational Marketing and Technological Capabilities：Investigating the Role of Environmental Turbulence，" *Journal of the Academy of Marketing Science* 2015，43（2）：181 – 199.

［13］陆雄文主编《管理学大辞典》，上海辞书出版社，2013。

［14］邱熙然：《海亮集团的"无并购不发展"之路》，《中国有色金属报》2017 年 8 月 19 日，第 2 版。

［15］朱永跃、夏正晶、胡桂兰、白光林：《服务化转型背景下制造企业人力资源管理模式研究》，《中国科技论坛》2016 年第 5 期。

［16］郭丕斌、周喜君、李丹、王婷：《煤炭资源型经济转型的困境与出路：基于能源技术创新视角的分析》，《中国软科学》2013 年第 7 期。

［17］贾晓霞、张瑶：《资源变动视角下中小制造企业战略转型风险的形成研究》，《软科学》2013 年第 3 期。

［18］董保宝、葛宝山、王侃：《资源整合过程、动态能力与竞争优势：机理与路径》，《管理世界》2011 年第 3 期。

［19］谢康、吴瑶、肖静华、廖雪华：《组织变革中的战略风险控制——基于企业互联网转型的多案例研究》，《管理世界》2016 年第 2 期。

后 记

　　山西财经大学资源型经济转型协同创新中心（以下简称"中心"）是山西省教育厅 2015 年认定的首批省级协同创新中心。中心由山西财经大学牵头，成立于 2013 年，当前的主要协同单位有：山西省国家资源型经济转型综合配套改革试验区工作领导组办公室、山西省人民政府发展研究中心（山西省人民政府研究室）、山西省社会科学院、太原理工大学、太原钢铁（集团）有限公司、山西省投资咨询和发展规划院、运城学院等。中心以服务资源型经济转型为导向，以"校地—校企—校校—校所协同"为路径，立足山西、面向全国，借经、管、法等学科之强，全力打造集科学研究、人才培养、咨政服务于一体的综合性平台。

　　为深入贯彻习近平总书记视察山西重要讲话精神、李克强总理在山西考察工作重要讲话精神以及《国务院关于支持山西省进一步深化改革促进资源型经济转型发展的意见》，更好地服务山西资源型经济转型和国家资源型经济转型综合配套改革试验区建设，2017 年起中心开始设立"山西财经大学资源型经济转型协同创新中心科研专项基金"，资助中心成员围绕山西转型发展过程中面临的关键问题展开科学研究和深入探讨。

　　从转型实践角度看，已有德国鲁尔区，美国匹兹堡市，法国洛林地区，英国纽卡斯尔市，中国贵州省、辽宁省阜新市、江苏省徐州市、山西省孝义市等不同国家、不同类型的资源型地区展开了打破

"资源诅咒"、推动经济转型的积极探索和多元尝试，形成了许多成功做法和典型模式，也暴露了许多缺陷和不足。为充分借鉴这些地区的经验、吸取教训，2018年山西财经大学资源型经济转型协同创新中心科研专项基金特设"资源型经济转型发展实践与案例研究"选题，鼓励中心成员采用"新思路"、"新视角"、"新方法"和"新资料"对典型资源型地区的转型历程进行"新分析"。

经过专家评议和筛选，中心从资源型经济转型发展实践与案例研究成果中遴选出《历史视角下英国"海煤之城"纽卡斯尔的转型做法研究》《德国鲁尔区的产业转型经验研究》《山西孝义资源型经济转型历程及主要经验》等11份研究报告结集成册，形成此书。

在研究与出版过程中，得到了山西省哲学社会科学后期资助项目（2018D016）、人社部留学人员科技活动项目择优资助重点项目（〔2015〕476）、山西省回国留学人员科研资助项目（2015－074）、山西省人文社科重点研究基地项目（201801022）、山西省研究生教育改革项目（20112038）等的支持。

本书由山西财经大学资源型经济转型发展研究院郭淑芬教授和阎晓博士共同组织编著与出版，其成书过程离不开每章各位作者的智慧贡献、辛勤付出和积极协作。在此，向各位作者表示最真挚的谢意！同时，特别感谢社会科学文献出版社编辑的认真工作！

愿本书中所提炼的经验和教训，能为山西资源型经济转型、国家资源型经济转型综合配套改革试验区建设以及我国其他资源型地区转型提供新思考、新启迪和新借鉴。

郭淑芬　阎　晓

山西财经大学资源型经济转型协同创新中心

2019年4月15日于太原

图书在版编目（CIP）数据

资源型地区转型发展案例／山西财经大学资源型经
济转型协同创新中心编著. -- 北京：社会科学文献出版
社，2019.8

ISBN 978 - 7 - 5201 - 5218 - 1

Ⅰ.①资…　Ⅱ.①山…　Ⅲ.①区域经济发展 - 研究 -
中国　Ⅳ.①F127

中国版本图书馆 CIP 数据核字（2019）第 150426 号

资源型地区转型发展案例

编　　著／山西财经大学资源型经济转型协同创新中心

出 版 人／谢寿光
责任编辑／高　雁
文稿编辑／程丽霞

出　　版／社会科学文献出版社·经济与管理分社（010）59367226
　　　　　　地址：北京市北三环中路甲 29 号院华龙大厦　邮编：100029
　　　　　　网址：www. ssap. com. cn
发　　行／市场营销中心（010）59367081　59367083
印　　装／三河市尚艺印装有限公司

规　　格／开　本：787mm × 1092mm　1/16
　　　　　　印　张：13.5　字　数：173 千字
版　　次／2019 年 8 月第 1 版　2019 年 8 月第 1 次印刷
书　　号／ISBN 978 - 7 - 5201 - 5218 - 1
定　　价／128.00 元